Nachweise
Dauergewebe   (Leitgewebe)?

D1717527

Gundermann
Gamander
Knoblauch - Rauke
Nelkengewächs -> Sternmiere

STARK

ABITUR

Prüfungsaufgaben
mit Lösungen **2003**

Biologie

Grund- und Leistungskurs
Gymnasium
Sachsen
1997–2002

STARK

Die Jahrgänge ab 1998 wurden nach den Regeln der neuen Rechtschreibung abgefasst.

ISBN: 3-89449-227-9

© 1995 by Stark Verlagsgesellschaft mbH & Co. KG
D-85318 Freising · Postfach 1852 · Tel. (0 81 61) 1790
8. ergänzte Auflage 2002

Inhalt

Hinweise
Stichwortverzeichnis

Fortsetzung nächste Seite

Grundkurs Abiturprüfung 2001

Grundkurs Abiturprüfung 2002

Jeweils zu Beginn des neuen Schuljahres erscheinen die
neuen Ausgaben der Abiturprüfungsaufgaben mit Lösungen.

Lösungen der Aufgaben:

André Martin, Dresden, Renate Winkler, Görlitz

Hinweise

Die vorliegende Aufgabensammlung soll Schülerinnen und Schülern bei der Abiturvorbereitung eine Hilfe sein.

Das Buch enthält die **Aufgaben des sächsischen Zentralabiturs für den Leistungs- und den Grundkurs** der Jahre 1997 bis 2002. Die Antworten sind ausführlich formuliert, damit die Schülerin/der Schüler den Umfang einschätzen kann.

Das sächsische Zentralabitur umfasst drei Aufgabenteile:

- **Teil A** enthält eine Aufgabe aus dem 11. Schuljahr, also aus den Stoffgebieten *Zellbiologie, Stoffwechselphysiologie* und *Ökologie*.
- **Teil B** beinhaltet den Stoff aus den Gebieten *Genetik, Nervenphysiologie, Verhaltensbiologie* und *Evolution* der 12. Klasse.
- In **Teil C** wählt die Schülerin/der Schüler eine Aufgabe mit praktischer oder experimenteller Tätigkeit.

Die Abiturklausur ist im Leistungskurs in 270 Minuten zu bewältigen, im Grundkurs stehen 210 Minuten zur Verfügung. Es sind maximal 60 Bewertungseinheiten zu erreichen, für das Teilthema A 25, für B 20 und für die Aufgabe C 15 Einheiten.

Die Erfahrung zeigt, dass von Schülerinnen und Schülern bei der Vorbereitung auf die Prüfung gern auf Abituraufgaben vergangener Schuljahre zurückgegriffen wird. Die angebotenen Lösungen ersetzen nicht die Arbeit mit dem Lehrbuch. Sie zeigen aber, wie Antworten formuliert sein können.

Alle wichtigen **Arbeitstechniken** und Methoden des Faches Biologie werden im neuen Buch **„Abitur-Training Grundlagen, Arbeitstechniken und Methoden"** (Verlags-Nr. 94710) anhand prüfungsrelevanter Themen erläutert und geübt. Sie können sich damit intensiv und effektiv auf Fachunterricht, auf Klausuren und insbesondere auf das Abitur vorbereiten.

Viel Erfolg wünschen Ihnen Verlag und Autoren!

Stichwortverzeichnis

Abituraufgaben

Die Moorwiesen an der Hübelschenke bei Putzkau (Kreis Bautzen), am Nordfuß des Valtenberges, etwa 310 m über dem Meeresspiegel gelegen, erregten schon am Ende des vergangenen Jahrhunderts die Aufmerksamkeit der Botaniker. Um 1900 wuchsen hier hoch das im Kreis Bautzen seltene Scheiden-Wollgr as, das atlantisch-subatlantisch verbreitete Braune Schnabelried, die Schlamm-Segge (ein Eiszeitrelikt) und auch das Sumpf-Läusekraut (in ganz Sachsen vom Aussterben bedroht). Erst 1976 wurde das 3,15 ha große Gebiet als Flächennaturdenkmal unter Schutz gestellt. Pflanzenverzeichnisse aus den Jahren 1965 und 1995 (s. Tabelle 1) ermöglichen unter anderem eine Analyse der Veränderung der Umweltverhältnisse dieser Biozönose.

	Jahr	Jahr	Gefährdungs-grad	Ökologische Zeigerwerte		
				F	N	R
Draht-Segge	1965	—	!!!	9	6	3
Igel-Segge	1965	—	R	8	3	2
Schlamm-Segge	1965	—	!!	9	2	2
Sumpf-Pippau	1965	—		8	8	
Öhrchen-Habichtskraut	1965	—	!!		4	2
Flatter-Binse	1965	—		7	3	4
Blutweiderich	1965	—		8	7	0
Borstgras	1965	—	R		2	2
Mossbeere	1965	—	!	9		1
Scharbockskraut	1965	—		7	7	7
Kriech-Weide	1965	—	!			
Kappen-Helmkraut	1965	—		9	7	6
Graugrüne-Sternmiere	1965	—	!	8	4	2
Teufelsabbiß	1965	—	R	7	2	
Schild-Ehrenpreis	1965	—	!	9	3	3
Giersch	—	1995		6	7	8
Kriech-Günsel	—	1995		6	6	
Wiesen-Schaumkraut	—	1995		7		
Zittergras-Segge	—	1995		6	4	3

	Jahr	Jahr	Gefähr-dungsgrad	Ökologische Zeigerwerte		
				F	N	R
Acker-Schachtelhalm	—	1995		6		3
Stechender Hohlzahn	—	1995		7		6
Wiesen-Bärenklau	—	1995		5		8
Wolliges Honiggras	—	1995		6		4
Gemeines Rispengras	—	1995		7		7
Stumpfblättriger Ampfer	—	1995				
Große Brennessel	—	1995		6	6	8
Sumpf-Scharfgarbe	1965	1995	R	8	4	2
Sumpf-Reitgras	1965	1995		9	5	5
Sumpf-Dotterblume	1965	1995	R	8		
Grau-Segge	1965	1995		9	3	2
Steif-Segge	1965	1995		10		4
Sumpf-Kratzdistel	1965	1995		8	4	3
Sumpf-Weidenröschen	1965	1995	R	9	3	3
Sumpf-Labkraut	1965	1995	R	9		4
Wassernabel	1965	1995		9	2	2
Faden-Binse	1965	1995	R	8	4	3
Sumpf-Hornklee	1965	1995		8	4	4
Kuckucks-Lichtnelke	1965	1995	R	6		
Strauß-Gilbweiderich	1965	1995	!!	9		3
Fieberklee	1965	1995	!!	9		2
Sumpf-Haarstrang	1965	1995		5	9	4
Wiesen-Knöterich	1965	1995	R	7	5	5
Sumpf-Blutauge	1965	1995	!	10	3	2
Brennender Hahnenfuß	1965	1995	R	9	3	2
Sumpf-Veilchen	1965	1995		9	2	5

Tabelle 1: Hübelschenkmoor Putzkau (Auszüge aus Pflanzenlisten)

Erläuterungen zu Tabelle 1:

Gefährdungsgrad

!!! = im Freistaat Sachsen vom Aussterben bedroht
!! = im Freistaat Sachsen stark gefährdet
! = im Freistaat Sachsen im Rückgang
ohne Kennzeichnung = gegenwärtig im Freistaat Sachsen nicht gefährdet

Zeigerwert

F = Feuchtigkeitswerte
    5 = Frischezeiger,
    6 = Frische- bis Feuchtezeiger,
    7 = Feuchtezeiger,
    8 = Feuchte- bis Nässezeiger,
    9 = Nässezeiger,
    10 = Wechselwasserzeiger

R = Reaktionszeigerwerte
    3 = Säurezeiger,
    5 = Mäßigsäurezeiger,
    7 = Schwachsäure- bis Schwachbasenzeiger,
    9 = Basen- und Kalkzeiger,
    2, 4, 6, 8 = dazwischenliegende Werte anzeigend

N = Stickstoffzeigerwerte
    1 = stickstoffärmste Standorte anzeigend,
    3 = stickstoffarme Standorte anzeigend,
    5 = mäßig stickstoffreiche Standorte anzeigend,
    7 = stickstoffreichere Standorte anzeigend,
    8 = ausgesprochene Stickstoffzeiger,
    9 = übermäßig stickstoffreiche Standorte anzeigend,
    2, 4, 6 = dazwischenliegende Werte anzeigend

1 Leiten Sie aus dem Vergleich der Pflanzenbestände von 1965 und 1995 Veränderungen der Umweltfaktoren im Hübelschenkmoor ab und begründen Sie Ihre Aussagen. (6 BE)

2 Erörtern Sie zwei mögliche Ursachen, die zur Veränderung bestimmter Umweltfaktoren im Hübelschenkmoor führten. (4 BE)

3 Viele Pflanzenarten des Hübelschenkmoores sind Hygrophyten, d. h. an ständig feuchte Standorte angepaßt. Nennen Sie drei typische Hygrophytenmerkmale und beschreiben Sie deren Bedeutung für die Pflanzen. (6 BE)

4 Erklären Sie die Bedeutung des Umweltfaktors Wasser für verschiedene Teilreaktionen der Photosynthese und der Atmung. (6 BE)

5 Welche Erkenntnisse lassen sich aus der Analyse der Gefährdungsgrade der Hübelschenkmoor-Pflanzen der Jahre 1965 und 1995 gewinnen? Begründen Sie in diesem Zusammenhang zwei Naturschutzmaßnahmen. (6 BE)
(25 BE)

Lösungen

1 Ein Vergleich der Pflanzenbestände von 1965 und 1995 läßt Schlußfolgerungen über die Veränderung von Umweltfaktoren zu.
Vergleicht man die Feuchtzeigerwerte, so stellt man fest, daß der **Boden trockener** geworden ist. Alle registrierten Pflanzen sind Feuchte-, Feucht- bis Nässe- oder Nässe-zeiger.
Pflanzen, die 1995 neu gefunden wurden, sind Frische- bis Feuchtezeiger. Von den Pflan-zen, die bei beiden Erhebungen notiert wurden, sind vor allem Feuchtezeiger vom Rück-gang bedroht (konkrete Beispiele aus der Tabelle sind zu nennen).
Im Vergleich erkennt man, daß sich der **Stickstoffgehalt** im Boden **erhöht** hat. 1965 zeigten die gefundenen Pflanzen stickstoffarme Böden an. 1995 treten meist Zeigerpflan-zen für stickstoffreichere Standorte auf (Beispiele aus der Tabelle).
Die gefundenen Pflanzen beider Untersuchungen lassen nur geringe pH-Wertveränderun-gen erkennen.

2 Die Moorwiesen sind trockener geworden. Die wichtigste Ursache dafür ist die Absen-kung des Grundwasserspiegels durch die Entwässerung des nahegelegenen Tagebaugebie-tes. Außerdem war man eine Zeitlang bestrebt, Entwässerungsgräben durch Moorwiesen zu ziehen, um das Oberflächenwasser abzuleiten. Aus den Feuchtwiesen sollte auf diese Weise Weideland gewonnen werden.
Die Anreicherung von Stickstoffverbindungen im Boden ist eine Folge der intensiven Düngung mit Nitraten (in Form von Gülle oder Düngemitteln). Die leicht löslichen Nitrate wurden ausgeschwemmt und gelangten mit dem Sickerwasser in den Moorboden. Ein erhöhter Eintrag von Stickstoffverbindungen aus der Luft ist ebenfalls in Betracht zu ziehen.

3 **Hygrophyten** besitzen Einrichtungen, die die Wasserabgabe erleichtern:
– Große Blätter, die nur eine dünne Cuticula besitzen, ermöglichen die Wasserdampf-abgabe über die gesamte Blattoberfläche.
– Viele Spaltöffnungen, die aus der Epidermisoberfläche herausragen, fördern die Tran-spiration. Durch den Transpirationssog wird der Nährstofftransport gewährleistet.
– Lebende Haare vergrößern die transpirierende Oberfläche.

4 Wasser ist in der **lichtabhängigen Reaktion der Photosynthese** ein wichtiger Ausgangs-stoff. In der Thylakoidmembran erfolgt die Photolyse des Wassers, es findet eine Elektro-nenübertragung vom Sauerstoffatom eines Wassermoleküls auf ein $NADP^+$-Ion statt:

$$H_2O + NADPH + H^+ \longrightarrow \tfrac{1}{2} O_2 + NADPH + H^+$$

Die Reaktion ist endergonisch und benötigt Energie, die aus dem Licht stammt. Insgesamt werden 4 Lichtquanten für die energiereiche Verbindung $NADH + H^+$ benötigt, dabei ent-steht $\tfrac{1}{2}$ mol Sauerstoff als Reaktionsprodukt der Photosynthese. Zum anderen wird ATP gebildet, ein ebenfalls energiereicher Stoff.
In der **lichtunabhängigen Reaktion** ist Wasser notwendig als Ausgangsstoff für Teilreak-tionen des Calvin-Zyklus.
Beim Abbau von Glucose in den Körperzellen, bei der **Zellatmung,** wird Energie frei. Wasser und Kohlendioxid entstehen als energiearme Reaktionsprodukte. Bei der Glyko-lyse und beim Citronensäurezyklus reagiert Wasser als Oxydationsmittel.
Über 90 % der Energie, die aus der Glucose stammt, wird in der **Atmungskette** oder End-oxidation freigesetzt, die an der inneren Mitochondrienmembran abläuft.

Redoxsubstrate übertragen in einer Kettenreaktion Elektronen von NADPH + H$^+$ und FADH$_2$ auf elementaren Sauerstoff. Die dabei entstehenden Oxidionen reagieren mit Wasserstoffionen zu Wasser. Innerhalb der Redoxkette haben die beteiligten Enzyme unterschiedliche Redoxpotentiale und können dadurch Elektronen übertragen. Einige der Verbindungen übernehmen auch Protonen. Der Elektronentransport ist in der Membran mit dem Protonentransport gekoppelt. Neben dem Reaktionsprodukt Wasser wird beim Zurückwandern der Protonen am ATPase-Komplex ATP gebildet.

5   Im Verlaufe der Untersuchungszeit sind **gefährdete Arten ausgestorben**. Auch heute leben auf Moorwiesen Arten, die vom Aussterben bedroht und zu schützen sind. Es herrscht auf Moorwiesen eine relative Artenvielfalt.
Schutzmaßnahmen sind im **sächsischen Naturschutzgesetz** geregelt.
Alle Feuchtbiotope werden unter Schutz gestellt. Damit wird verhindert, daß unwiederbringliche Lebensräume durch Bebauung oder Trockenlegung verloren gehen.
1976 wurde das Gebiet zum Flächennaturdenkmal erklärt. Damit sind Auflagen verbunden, die das Verhalten der Menschen in diesem Gebiet regeln, so daß die Lebensräume nicht weiter zerstört werden. Der gegenwärtige Zustand wird bewußt erhalten, eventuell einsetzende Sukzession wird verhindert.

Die dreidimensionale Struktur eines der wichtigsten Enzyme im Tier- und Pflanzenreich, der Cytochrom-c-Oxidase, ist nun weitgehend bekannt. Einem deutschen und einem japanischen Forscherteam gelang es unabhängig voneinander, aktive Teile des Enzymkomplexes zu kristallisieren und dadurch einer Röntgenstrukturanalyse zugänglich zu machen. Die Japaner isolierten das Enzym aus Rinderherzen, ihre deutschen Kollegen verwendeten Cytochrom-c-Oxidase eines Bodenbakteriums. Man konnte nun unter anderem elektronenmikroskopisch Lage und Struktur der aktiven Zentren mit einer Auflösung von 0,2 nm bestimmen.

Die Strukturaufklärung der Cytochrom-c-Oxidase ist von Bedeutung, da das Enzym bei allen aeroben Organismen den letzten Schritt der Zellatmung (Endoxydation) katalysiert. Die Funktion der Elektronenübertragung bei diesem Prozeß war schon länger bekannt, die Wege des Protonentransportes durch die Membran konnten erst jetzt geklärt werden. Es wurde nun auch verständlich, weshalb Kohlenmonoxid oder Cyanide (Blausäureverbindungen) die Cytochrom-c-Oxidase derart verändern, daß Vergiftungen mit diesen Stoffen tödlich verlaufen.

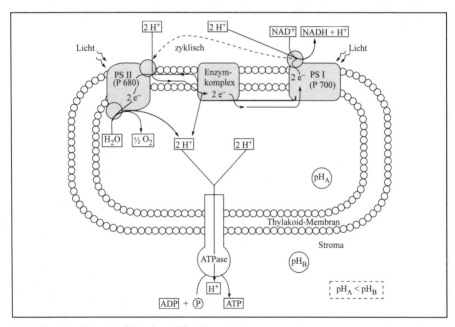

Abb. 1: Energiegewinnung im Chloroplasten (PS = Photosystem)

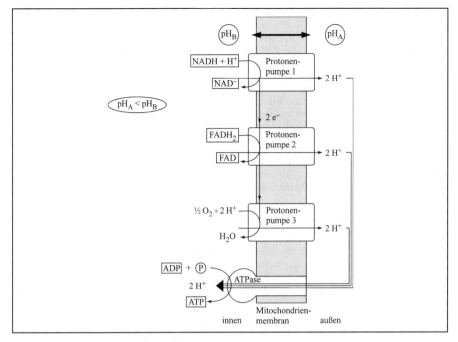

Abb. 2: Energiegewinnung an der Mitochondrienmembran

1 Beschreiben Sie die Wirkungsweise von Enzymen. Nennen Sie zwei Enzymgruppen und deren Funktionen. (5 BE)

2 Begründen Sie, in welcher Weise die oben genannten Gifte das Enzym verändern könnten und auf welche Folgereaktionen die tödliche Wirkung zurückzuführen wäre. (5 BE)

3 Fertigen Sie auf einem unlinierten A4-Blatt eine schematische Zeichnung vom elektronenmikroskopischen Bau des Zellorganells an, in dem die Endoxydation stattfindet. Beschriften Sie die Zeichnung. (5 BE)

4 Die Abbildungen 1 und 2 zeigen die Prozesse der ATP-Gewinnung in Chloroplasten und Mitochondrien. Leiten Sie anhand der Abbildungen allgemeine Bedingungen für die ATP-Bildung in beiden Zellorganellen ab. (5 BE)

5 Begründen Sie, weshalb die beschriebenen Untersuchungen mit dem Elektronenmikroskop durchgeführt werden mußten.
Stellen Sie in Form einer Tabelle Arbeitsweise und Leistungen von Licht- und Elektronenmikroskop gegenüber. (5 BE)
(25 BE)

Lösungen

1 **Enzyme** wirken in der lebenden Zelle als **Biokatalysatoren**. Sie sind Proteine und ihr Bau ist Voraussetzung für die Wechselwirkung zwischen Enzym und Substrat. Aufgrund der **Tertiärstruktur** der Proteinmoleküle ist die Moleküloberfläche so gestaltet, daß Substrat und Enzym nach dem Schlüssel-Schloß-Prinzip zueinander passen. Die Bindungsstelle im Enzymmolekül nennt man das **aktive** oder **katalytische Zentrum**. An dieser Stelle erfolgt die spezifische Reaktion. Enzyme sind **substratspezifisch** und **wirkungsspezifisch**. Die Enzymreaktion erfolgt nach folgendem Schema:

Enzym + Substrat ⟶ (Enzym-Substrat-Komplex) ⟶ Enzym + Produkt

Enzyme setzen die Aktivierungsenergie der Reaktion herab, so daß sie bei Körpertemperatur abläuft. Sie erhöhen die Reaktionsgeschwindigkeit und verkürzen somit die Reaktionszeit. Die Enzymaktivität hängt von äußeren Faktoren ab, insbesondere von der Temperatur und dem pH-Wert.
Untersucht man diese Abhängigkeiten, so ergibt sich für jedes Enzym ein spezifisches Optimum.
Bei der Temperatur liegen die Optima zwischen 30 °C und 45 °C. Danach nimmt die Aktivität sehr schnell ab. Bei Temperaturen zwischen 50 °C und 60 °C wird bei den meisten Enzymen die räumliche Struktur zerstört, das Enzym wird inaktiv.
Viele Enzyme sind reine Proteine. Eine Reihe von Enzymen besteht aus einem Proteinanteil und einem Nichtproteinanteil, der ein Teil des aktiven Zentrums ist und als **Coenzym** bezeichnet wird.

Enzyme werden nach ihrer Funktion in verschiedene Gruppen zusammengefaßt, z. B.:
– **Oxidoreduktasen** katalysieren Redoxreaktionen.
– **Transferasen** übertragen Atomgruppen.
– **Hydrolasen** spalten Stoffe unter Wasseranlagerung.

2 Bestimmte Stoffe sind in der Lage, mit dem Enzym schneller und besser eine Bindung einzugehen als das Substrat.
Sie verändern die dreidimensionale Struktur des Enzyms derart, daß die Bindung des Substrats erschwert wird. Bei der Endoxydation erfolgt mit Hilfe von Enzymen ein Elektronen- und Protonentransport. Ist diese Übertragung der Teilchen blockiert, kann die Reduktion der Sauerstoffmoleküle nicht erfolgen. Der Protonenfluß durch die Biomembran ist ebenfalls eingeschränkt, so daß ein Zurückwandern der Protonen am ATPase-Komplex nur in geringem Maße stattfindet und die ATP-Bildung vermindert erfolgt.
ATP-Energie ist zum Aufrechterhalten aller Stoffwechselvorgänge notwendig. Wird die Energie nicht kontinuierlich nachgebildet, kommen Stoffwechselprozesse zum Erliegen. Wenn die Hemmung des Enzyms durch Kohlenmonoxid oder Cyanide irreversibel ist, tritt nach kurzer Zeit der Zelltod ein.

3 Das Zellorganell, in dem die Endoxidation stattfindet, ist das **Mitochondrium**.

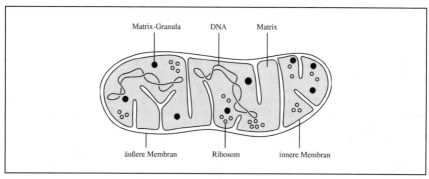

Abb. 3: Mitochondrium

4 Beim Vergleich beider Abbildungen ist zu erkennen, daß die ATP-Bildung in beiden Zellorganellen im wesentlichen in gleicher Weise erfolgt. Die Vorgänge, die zur ATP-Bildung führen, laufen an den Membranen ab. Auch in den Chloroplasten stammt die erforderliche Energie nur indirekt aus dem Licht. Sie ist bei beiden Prozessen in einer Differenz der Protonenkonzentration enthalten, die auf beiden Seiten der Membran mit Hilfe des Elektronentransports aufgebaut wird. Die Protonenkonzentration steigt an, der pH-Wert sinkt, die Protonenkonzentration nimmt ab, der pH-Wert steigt. Die an den Membranen entstandene pH-Differenz gleicht sich durch Diffusion der Protonen wieder aus. Dabei führt der Weg auf die andere Seite durch den ATPase-Komplex. Der Enzymkomplex nutzt die dabei freiwerdende Energie zum Aufbau von energiereichem ATP aus ADP und Phosphatresten.

5 Die Strukturaufklärungen an der Cytochrom-c-Oxidase konnten nur mit dem Elektronenmikroskop durchgeführt werden, weil eine Auflösung im Bereich von 0,2 Nanometern erreicht werden mußte; dies ist mit dem Lichtmikroskop nicht möglich.

	Lichtmikroskop	**Elektronenmikroskop**
Strahlen	Lichtstrahlen	Elektronenstrahlen
Linsensysteme	Glaslinsen	elektromagnetische Linsen
Arbeitsweise	Arbeit bei Normaldruck	Arbeit im Vakuum
Beobachtung	direkt mit dem Auge	Monitor oder Fotografie
Präparate	Frisch- und Dauerpräparate	großer techn. Aufwand bei der Herstellung der Präparate keine Lebendpräparate
Vergrößerung	bis 2 000fach	bis etwa 40 000fach

Die rund 80 Chamäleonarten, die in Afrika, Indien, Asien und Südspanien beheimatet sind, gehören alle zur Familie der Echsen. Chamäleons sind in ihrem ganzen Körperbau an ihr Leben auf Bäumen und Sträuchern hervorragend angepaßt. Farbstoffzellen in ihrer Haut mit verschiedenen Pigmenten (Farbstoffteilchen) gestalten einen schnellen Wechsel der Körperfarbe, der von äußeren Faktoren (Licht, Temperatur) und inneren Faktoren (Erregung, Hunger) abhängig ist. Greifhände und -füße, ein einrollbarer Greifschwanz sowie ihre langsame Fortbewegung ermöglichen einen unauffälligen Aufenthalt in den Baumkronen.

Für den Nahrungserwerb (hauptsächlich Insekten) verfügen sie über weitere Anpassungen. Ihre großen Augen können sich unabhängig voneinander in alle Richtungen bewegen und gestatten so einen Rundumblick ohne auffällige Kopfbewegungen. Ist während des Kletterns die sich bewegende Beute erspäht, wird sie treffsicher in Entfernungen von 3 bis 25 cm gefangen. Dazu schnellt die lange, klebrige Zunge blitzschnell hervor und wird mit dem erbeuteten Tier zurückgezogen. Um zu treffen, muß die Echse vorher bestimmt haben, wie weit die Zunge herausschnellen soll. Bisher nahm man an, daß beide Augen nach Entdecken der Beute nach vorn gerichtet werden und wie beim Menschen durch Überlappen der Sehfelder räumliches Sehen ermöglicht wird. Mit Experimenten (Zukleben eines Auges) stellte man jedoch fest, daß die Entfernung auch mit einem Auge ermittelt werden kann.

1 Das Verhalten von Kriechtieren besteht überwiegend aus Elementen des Instinktverhaltens. Beschreiben Sie das Beutefangverhalten als Instinkthandlung. (7 BE)

2 Zeichnen Sie auf ein unliniertes A4-Blatt zwei miteinander in Verbindung stehende Nervenzellen eines Wirbeltieres und beschriften Sie.

(5 BE)

3 Erläutern Sie, wie sich eine der im Text beschriebenen Anpassungen des Chamäleons nach zwei verschiedenen naturwissenschaftlichen Theorien zur Veränderung der Arten ausgebildet haben könnte. (8 BE)

4 Albinismus ist ein rezessiv autosomal vererbtes Phänomen, das gelegentlich auch bei Chamäleons beobachtet wurde.
Ermitteln Sie anhand eines Kreuzungsschemas, mit welcher Wahrscheinlichkeit in einer Population die Nachkommen von normalgefärbten männlichen und albinotischen weiblichen Tieren an Albinismus leiden würden. Es wird vorausgesetzt, daß sich die verschiedenen Genotypen der Männchen im Verhältnis 1 : 1 befinden. (5 BE)

(25 BE)

Lösungen

1 Das Beutefangverhalten des Chamäleons läßt sich als Instinktverhalten mit typischen Elementen beschreiben.
Hunger setzt die **Handlungsbereitschaft** herauf. Durch Rundumblick und Umherklettern suchen die Tiere nach Nachrung – **ungerichtete Appetenz.**
Sich bewegende Beute löst das **gerichtete Appetenzverhalten** aus. Ein Insekt in geeigneter Entfernung wirkt als **Schlüsselreiz** und setzt die **erbkoordinierte** Endhandlung in Gang. Durch den **angeborenen auslösenden Mechanismus** wird die Entfernung bis zum Beutetier treffsicher erkannt, die Zunge schnellt vor, das Insekt klebt an der Zunge fest und die Zunge wird zurückgezogen. Mit dem Verschlingen des Insekts ist die Endhandlung abgeschlossen.

2 Zwei in Verbindung stehende Nervenzellen sind über Synapsen miteinander verbunden.

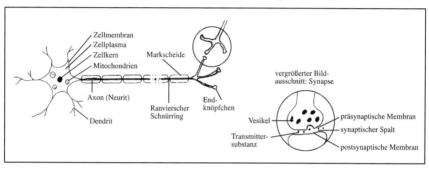

3 Wissenschaftliche Evolutionstheorien wurden von Lamarck und Darwin aufgestellt – heute nutzt man zur Deutung die synthetische Evolutionstheorie. Wählt man das Merkmal „lange Zunge", sieht die Erläuterung folgendermaßen aus:

Lamarck
Veränderte Umweltverhältnisse rufen beim Tier veränderte Bedürfnisse hervor. Häufiger Gebrauch der Organe führt zur Entwicklung und Vergrößerung. Erworbene Eigenschaften werden von den Eltern auf die Kinder vererbt, wenn sich Tiere mit gleichen Merkmalen paaren. Veränderte Nahrungsbedingungen riefen das Bedürfnis nach einer längeren Zunge hervor, ständiger Gebrauch der Zunge zum Fangen von Insekten ließ sie länger wachsen. Zwei Tiere mit längerer Zunge pflanzten sich fort, die Nachkommen besaßen ebenfalls eine längere Zunge.

Darwin
Die Organismen haben mehr Nachkommen als zur Erhaltung der Art notwendig sind. Individuen einer Art zeigen eine erbliche Variabilität. Beim Konkurrenzkampf um Nahrung, Raum und Geschlechtspartner überleben die am besten angepaßten Lebewesen. Sie vermehren sich bevorzugt. Die Zungenlänge variiert bei einzelnen Tieren. Tiere mit längerer Zunge fangen mehr Insekten, so daß sie im Konkurrenzkampf den anderen überlegen sind. Sie pflanzen sich bevorzugt fort und haben die Möglichkeit, die Anlagen für das Merkmal „lange Zunge" in die Folgegeneration einzubringen.

Synthetische Evolutionstheorie
Sie faßt die Erkenntnisse aller biologischen Teilwissenschaften zusammen. Zufällige Mutationen bewirken eine Variabilität der Zungenlänge. Die Tiere einer Population besitzen keinen einheitlichen Genpool.
Bei einem Individuenüberschuß sind die Tiere mit längerer Zunge beim Nahrungserwerb im Vorteil. Diese positive Selektion führt zu größerer Fitness. Mittels Rekombination gelangen die veränderten Gene immer häufiger in den Genpool der Folgegenerationen.

4 Gensymbole:
   a – Albinismus-Gen, rezessiv
   A – Gen für Normalfarbe, dominat

   Gene der Männchen
   I AA   II Aa

   Gene der Weibchen
          aa

I

w/m	A	A
a	Aa	Aa
a	Aa	Aa

II

w/m	A	a
a	Aa	aa
a	Aa	aa

Alle Nachkommen sind normalfarbig.   50 % der Nachkommen sind Albinos.
Es tritt kein Albinismus auf.
Die Wahrscheinlichkeit des Auftretens von Albinismus liegt bei 25 %.

Lösen Sie in den Zellen eines selbsthergestellten Frischpräparates Plasmolyse aus.

1 Fordern Sie alle dazu notwendigen Materialien und Geräte schriftlich an.

2 Beschreiben Sie Durchführung und Beobachtung der mikroskopischen Untersuchung.

3 Erklären Sie Ihr Beobachtungsergebnis.

4 Das Präparat ist unter dem Mikroskop dem aufsichtführenden Fachlehrer vorzuweisen. (10 BE)

Lösungen

1 Folgende Geräte und Chemikalien sind vom Schüler anzufordern:

Mikroskop   konzentrierte Salzlösung
Objektträger   lebendes pflanzliches Gewebe
Deckglas
Pinzette
Fließpapier
Pipetten

2 **Durchführung**
Ein kleines Stück der inneren Zwiebelhaut wird abgezogen und auf einen Objektträger mit Wasser gelegt, ein Deckglas kommt darüber.
An den Rand des Deckglases werden 2 bis 3 Tropfen konzentrierte Salzlösung gegeben und mit Hilfe des Fließpapiers durch das Präparat gezogen.

Beobachtung
Im Frischpräparat sind die Zellwände gut zu erkennen.
Das Plasma löst sich von der Zellwand ab, der Zellinhalt schrumpft zusammen.

3 Das Ablösen des Protoplasten von der Zellwand durch Wasseraustritt nennt man **Plasmolyse**. Dieser Vorgang ist in der lebenden Zelle reversibel. Bringt man die Zelle in Wasser, so füllt sich die Vakuole wieder und die Zellmembran legt sich an die steife Zellwand an.
Alle Pflanzenzellen besitzen eine Zellwand, an die das Zellplasma mit einer Zellmembran, dem Plasmalemma, angrenzt. Die Vakuole ist ebenfalls von einer Membran, dem Tonoplast, umgeben.
Plasmalemma und Tonoplast sind semipermeabel, das heißt durchlässig für Wasser, nicht aber für darin gelöste Teilchen.
Infolge der Konzentrationsunterschiede außerhalb der Membran und in der Vakuole bewegen sich mehr Wassermoleküle von der hypotonischen Lösung in der Vakuole zur hypertonischen Lösung außerhalb der Vakuole. Das Volumen der Vakuole wird kleiner und der Protoplast löst sich von der Zellwand. Plasmolyse ist ein Kennzeichen der lebenden Zelle.

Bestimmen Sie drei der vorliegenden Pflanzen.

– Notieren Sie den jeweiligen Bestimmungsweg.

– Geben Sie für die bestimmten Pflanzen den deutschen und den wissenschaftlichen Artnamen sowie die Pflanzenfamilie an.

(10 BE)

Lösungen

Pflanzenbestimmungen werden mit Bestimmungsbüchern, die einen dichotomen Bestimmungsschlüssel haben, durchgeführt.
Merkmale werden gegenübergestellt, nur eine der beiden Fragen paßt zu den Merkmalen, die die Pflanze aufweist.
Neben dem Bestimmungsweg sind die Pflanzenfamilie (deutscher und lateinischer Name) und die Art (deutscher und lateinischer Name) zu notieren.
Damit der Weg der Pflanzenbestimmung erkennbar wird, gibt man entweder wichtige Entscheidungen an oder notiert die weiterführenden Zahlen zu den Fragengruppen.

Die nachfolgende Übersicht zeigt einen möglichen Weg.
Literatur: Schmeil-Fitschen, „Flora von Deutschland", 88. Auflage 1988

Tab. A	– Bestimmen von Hauptgruppen	
	– Pflanze besitzt Blüten	
	– Samen ist in einem Fruchtknoten eingeschlossen	Zweikeimblättrige Pflanzen
	– Blätter sind gefingert	Tab. V S. 58
Tab. S. 58	– krautige Pflanzen	
	– Blüten nicht in Kelch und andersfarbige Krone gegliedert	
	– Kronblätter nicht miteinander verwachsen	Tab. VIII S. 67
Tab. S. 67	– Pflanzen mit grünen Blättern	
	– Blätter quirlständig	
	– Stengel mit nur einem Blattquirl	Ranunculaceae S. 154
S. 154	– Hochblattquirl von der Blüte entfernt	
	– Blüten weiß	Anemone S. 159
S. 159	– Blüten weiß und einzeln	
	– Blütenhüllblätter unterseits kahl	
	– Blattfiedern 2- bis 3spaltig	Buschwindröschen

Art: Buschwindröschen – Anemone nemorosa L.
Familie: Hahnenfußgewächse – Ranunculaceae

Eiderenten, die an der Ostsee überwintern, ernähren sich hauptsächlich von verschiedenen Muschelarten. Im kräftigen Muskelmagen der Enten werden die Muscheln auf die Körpertemperatur von 40 °C erwärmt, geknackt und anschließend verdaut. Durch die Muskelarbeit beim Zerknacken entsteht gleichzeitig Wärme, die zum Aufwärmen der Muscheln dient. Durch kalorimetrische Messungen und Untersuchung der Schalenreste im Kot erhielt man folgende Ergebnisse (Tabelle 1 bis 4):

Muschelmasse (in g)	1	10
Benötigte Energiemenge (in J) zum Erwärmen der Muschelmasse um 1 °C	3,5	35

Tab. 1: Zusammenhang zwischen Muschelmasse und Energieverbrauch zum Erwärmen der Muschelmasse

Muschellänge (in mm)	20	30	40	50	60
Muschelmasse (in g)	0,98	3,20	7,42	14,23	24,23

Tab. 2: Zusammenhang zwischen Muschellänge und Muschelmasse

Muschellänge (in mm)	20	30	40	50	60
Energieverbrauch (in J)	48	295	1 150	3 530	7 185

Tab. 3: Zusammenhang zwischen Muschellänge und erforderlicher Energie für das Knacken einer Muschel

Muschellänge (in mm)	20	30	40	50	60
Häufigkeitsverteilung im Januar (in %)	0	18	26	40	16
Häufigkeitsverteilung im Juli (in %)	8	70	18	3	1

Tab. 4: Abhängigkeit der Größe der gefressenen Muscheln von der Jahreszeit

1 Erläutern Sie drei Anpassungen, mit denen es homoiothermen Tierarten möglich ist, in unseren Breiten zu überwintern. (3 BE)

2 Fertigen Sie auf einem unlinierten A4-Blatt eine schematische Zeichnung vom elektronenmikroskopisch erkennbaren Bau des Zellorganells an, in dem die energieerzeugenden Prozesse im Entenmagen stattfinden. Beschriften Sie die Zeichnung.
Beschreiben Sie die Membranprozesse (Endoxidation), die zur Energiefreisetzung führen. (6 BE)

3 Berechnen Sie die Wärmemengen, die erforderlich sind, um die Muscheln der unterschiedlichen Größen im Magen der Eiderenten von 0 °C auf Körpertemperatur zu erwärmen.
Stellen Sie in **einem** Diagramm die Abhängigkeiten der Energiemengen
– für das Erwärmen und
– für das Knacken
von der unterschiedlichen Muschellänge dar. (9 BE)

4 Erstellen Sie **ein** Diagramm zur Abhängigkeit der Fresshäufigkeit unterschiedlich langer Muscheln von der Jahreszeit. (3 BE)

5 Werten Sie die Diagramme der Teilaufgaben 3 und 4 aus und begründen Sie die jahreszeitlichen Unterschiede im Fressverhalten der Eiderenten. (4 BE)
(25 BE)

Lösungen

1 Vögel und Säuger sind homoiotherm, sie haben unabhängig von der Umgebungstemperatur eine relativ konstante Körpertemperatur.
Anpassungen, um in unseren Breiten zu überwintern, sind z. B. Folgende:
Ein **Fell-** bzw. **Federkleid** isoliert gegen Kälte; die bei Stoffwechselprozessen erzeugte Wärme fließt langsamer ab. Bei sinkenden Außentemperaturen werden zwar die enzymatischen Stoffwechselreaktionen aktiviert, die aufgenommene Nahrung wird optimal zerlegt. Trotzdem steigt der Nahrungsbedarf an, da z. B. für die Aufrechterhaltung der Körpertemperatur viel Energie verbraucht wird.
Einige Tierarten halten **Winterruhe** (z. B. Bären und Dachse), dabei wird der Grundumsatz des Stoffwechsels stark herabgesetzt, die Körpertemperatur bleibt unverändert.
Beim **Winterschlaf** (z. B. Igel, Siebenschläfer) verfallen die Tiere in einen schlafähnlichen Zustand, Stoffwechsel und Körpertemperatur sind erheblich abgesenkt.
Eine **dicke Fettschicht** bietet Schutz vor Auskühlung. Fett dient als Wärmeisolator und als Energiespender.

2 Das Zellorganell, in dem die energieerzeugenden Prozesse ablaufen, ist das **Mitochondrium.**

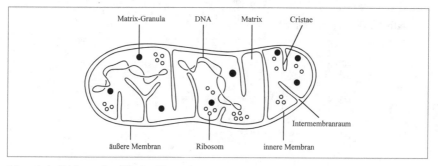

Matrix-Granula   DNA   Matrix   Cristae

Intermembranraum

äußere Membran   Ribosom   innere Membran

Schematische Zeichnung eines Mitochondriums

Prozesse an der inneren Mitochondrienmembran:

Aus den Teilreaktionen Glykolyse und Citronensäurezyklus sind die reduzierten energiereichen Coenzyme $NADH+H^+$ und $FADH_2$ vorhanden. Diese Energie wird schrittweise in der Atmungskette freigesetzt, die an der inneren Mitochondrienmembran abläuft.
Elektronen des $NADH+H^+$ und des $FADH_2$ gelangen durch eine Elektronentransportkette auf elementaren Sauerstoff. Die dabei entstehenden Oxidionen (O^{2-}) reagieren mit Wasserstoffionen zu Wasser.
Da die an dieser Kette beteiligten Übertragungssysteme (z. B. Cytochrome) unterschiedliche Redoxpotenziale zeigen, werden die Elektronen von einem Enzym zum anderen übertragen. Dabei wird Energie frei, die in einem pH-Gradienten gespeichert wird. Neben den Elektronen werden nämlich auch Protonen mithilfe von Protonenpumpen, die unter Energieverbrauch arbeiten, durch die Membran befördert. Dieser Transport an der Membran erfolgt von innen nach außen. Dadurch wird der pH-Wert außen niedriger als innen, es entsteht ein pH-Gradient. Beim Zurückfließen der Protonen gelangen diese durch ein Carrierprotein, die ATP-Synthase, an dem aus ADP + P das energiereiche ATP synthetisiert wird. Die für den Prozess erforderliche Energie stammt aus dem pH-Gradienten.

Zwei Elektronen liefern die Energie, um zehn Protonen durch die Membran zu pumpen. Diese erzeugen beim Zurückfließen die Energie für 3 mol ATP. Folge des Elektronentransports und der Protonenwanderung ist also die Bildung von Energie in Form von ATP und die Entstehung von Wasser.

3 Die Wärmemenge Q ist folgendermaßen zu berechnen:

$$Q = c \cdot m \cdot \Delta T$$
$$= 3,5 \, J \cdot K^{-1} \cdot g^{-1} \cdot 0,98 \, g \cdot 40 \, K$$
$$= 137,2 \, J$$

Die erforderliche Wärmemenge für das Erwärmen der 20 mm langen Muscheln auf Körpertemperatur beträgt 137,2 J.

Ergebnisse:

Muschellänge in mm	Wärmemenge in J
20	137,2
30	448,0
40	1 038,8
50	1 992,2
60	3 392,2

Grafische Darstellung: Grafik I

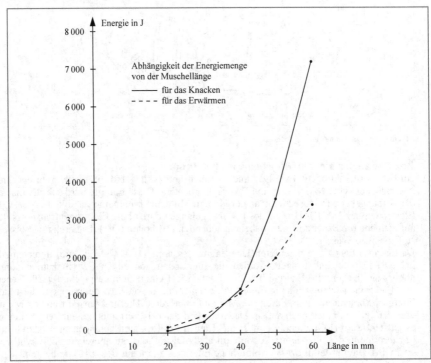

4 Die grafische Darstellung (Grafik II) gibt die Abhängigkeit der Fresshäufigkeit unterschiedlich langer Muscheln von der Jahreszeit wieder.

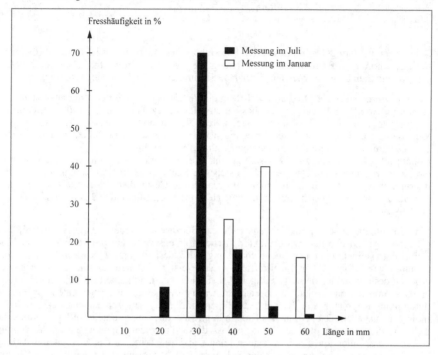

5 Aus Grafik I ergibt sich folgende Schlussfolgerung:
Je länger die Muscheln sind, desto größer ist die Energie, die für das Knacken und Erwärmen aufgewendet werden muss.
Die für das Erwärmen notwendige Energie liegt bei größeren Muscheln deutlich unter der für das Knacken.
Aus Grafik II ist zu erkennen, dass im Winter von den Eiderenten deutlich mehr große Muscheln gefressen werden, im Sommer werden die kleineren Muscheln als Nahrung bevorzugt. Große Muscheln besitzen einen höheren Nährwert, liefern daher schneller den im Winter benötigten hohen Energiebetrag. Die für das Erwärmen auf Körpertemperatur benötigte Energie entsteht beim Knacken der großen Muscheln.
Im Sommer würde das Zerkleinern großer Muscheln zu einer sehr hohen Wärmeproduktion führen. Durch das Verzehren kleinerer Muscheln wird vermieden, dass zu viel Wärme entsteht, die abgeführt werden müsste.

Der Missbrauch von Kokain hat seit den 80er-Jahren besonders in den USA und Westeuropa stark zugenommen. Er führt zu einer Abhängigkeit von der Droge und lebensgefährlichen gesundheitlichen Schäden wie Herz-Kreislauf-Störungen oder plötzlichen Herzattacken.

Kokain wirkt, wie viele Drogen, durch Stimulation des neuronalen Belohnungssystems im Gehirn (s. Abb. 1.2). Dieses System besteht aus Nervenfasern, die im Dach des Mittelhirnes entspringen und zu Zellen eines benachbarten Nervenknotens, des *Nucleus accumbens*, Synapsen ausbilden. Diese leiten Erregungen über nachgeschaltete Zellen weiter (s. Abb. 1.1). Dadurch entsteht ein Empfinden von Lust und Wohlgefühl.

Kokain führt bei fortgesetztem Konsum zu einer veränderten Produktion von Neurotransmittern, z. B. von Dopamin. Das dadurch entstehende Suchtverhalten lässt sich als Lernprozess interpretieren, wenn auch mit negativen Folgen für die Gesundheit des Betroffenen. Je nach Einnahmeform ergeben sich Konzentrationsunterschiede im Blut und dadurch auch im Gehirn (s. Abb. 2).

Eine Suchttherapie setzt große Willenskräfte des Betroffenen voraus, da ein Entzug mit körperlichen Qualen und anderen charakteristischen Entzugserscheinungen verbunden ist. Eine Reihe der Teilnehmer einer Suchtbehandlung wird deshalb erneut Kokain konsumieren. Dadurch würde der Abhängigkeitseffekt wieder verstärkt. Amerikanische Wissenschaftler arbeiten deshalb daran, aussteigewilligen Kokainsüchtigen durch eine passive Immunisierung ein Loskommen von der Sucht zu erleichtern. Dazu entwickelten sie so genannte Abzyme, die durch eine Kopplung von Kokain-Antikörpern mit Enzymen zur Spaltung der Kokainmoleküle entstehen. Damit kann das Kokain in unwirksame Spaltprodukte zerlegt werden, die sich von den Abzymmolekülen lösen, sodass diese für erneute Spaltungen zur Verfügung stehen. Durch Injektionen von Abzymen könnte also die Wirkung des Kokains am Anfang der Therapie inaktiviert und damit der Belohnungseffekt verringert werden, was in Kombination mit klassischen Therapiemethoden das Lösen von der Drogenabhängigkeit erleichtern würde.

1 Ordnen Sie in einer Tabelle den Hirnabschnitten des Menschen deren wichtigste Funktionen zu. (4 BE)

2 Vergleichen Sie die Erregungsübertragung durch die in Abb. 1.1 und 1.2 dargestellte Synapse ohne und mit Beteiligung von Kokain. (4 BE)

3 Interpretieren Sie das Diagramm in Abb. 2. (4 BE)

4 Stellen Sie Aufbau und Funktion von natürlich entstehenden Antikörpern und künstlich erzeugten Abzymen gegenüber. (4 BE)

5 Erläutern Sie zwei Lernformen bei Tieren, denen ein Belohnungseffekt zugrunde liegt. (4 BE)

(20 BE)

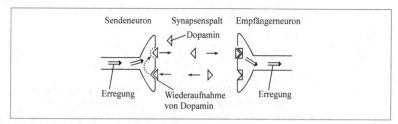

Abb. 1.1: Erregungsübertragung ohne Kokain

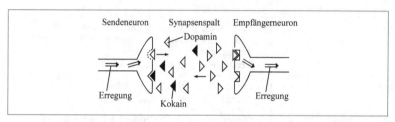

Abb. 1.2: Erregungsübertragung mit Kokain

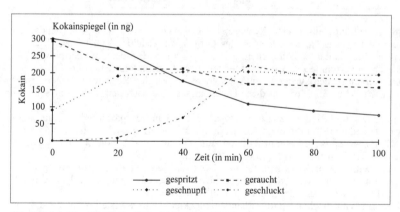

Abb. 2: Kokainspiegel im Blut in Abhängigkeit von der Einnahmeform

Lösung

1

Hirnabschnitte	Funktion
Großhirn	– Integrationszentrum – Sitz der Wahrnehmungs- und Erinnerungsfelder, der motorischen Felder und der Bewegungszentren für willkürliche Bewegungen
Kleinhirn	– Zentrum für Gleichgewicht und Koordination von Bewegungen
Zwischenhirn	– Schalt- und Kontrollstation zwischen Großhirn und nachfolgenden Hirnabschnitten – Zentrum vegetativer Funktionen – Beeinflussung der Hypophyse
Mittelhirn	– Umschaltstelle für Nervenbahnen – reflexartige Steuermechanismen
Nachhirn (verlängertes Mark)	– Steuerzentrum für Atmung, Blutkreislauf und allgemeine Stoffwechseltätigkeit

2 Erreicht ein Aktionpotenzial eine Synapse, die das Neuron mit einer postsynaptischen Zelle verbindet, löst es im Sendeneuron das Öffnen von Calciumkanälen aus. Calcium-ionen diffundieren in das Endknöpfchen, worauf synaptische Bläschen mit der präsynapti-schen Membran verschmelzen. Geringe Mengen einer Transmittersubstanz, in diesem Fall Dopamin, werden in den synaptischen Spalt entlassen. Zu den Rezeptorproteinen in der postsynaptischen Membran passen diese Dopaminmoleküle nach dem Schlüssel-Schloss-Prinzip.

Durch die kurzzeitige Bindung zwischen Dopamin und dem Rezeptorprotein kommt es zu einer Formveränderung am Proteinmolekül. Natriumkanäle öffnen sich, Natriumionen strö-men in die postsynaptische Zelle und führen zum Aufbau eines Aktionspotenzials. Durch Enzyme wird der Transmitter von den Rezeptorproteinen abgelöst.

Ohne Anwesenheit von Kokain diffundiert Dopamin durch den synaptischen Spalt zu-rück und wird durch die Membran des Sendeneurons erneut aufgenommen. Das Aktions-potenzial klingt rasch ab und das „Glücksgefühl" erlischt.

Ist Kokain im synaptischen Spalt vorhanden, blockiert es die Kanäle für die Wiederauf-nahme an der präsynaptischen Membran und Dopamin verbleibt im Spalt. Dadurch kann sich das Auslösen des Aktionspotenzials in der Empfängerzelle ständig wiederholen und ein anhaltendes „Glücksgefühl" ist die Folge.

3 Im Diagramm ist der Kokainspiegel im Blut im Verlauf von 100 Minuten in Abhängigkeit von der Einnahmeform dargestellt.
Gespritzt oder **geraucht,** gelangt die Droge sofort in hoher Konzentration (etwa 300 ng) ins Blut und damit auch ins Gehirn. Die Konzentration nimmt nach 40 Minuten bis auf etwa 200 ng ab, bleibt dann aber bis zur 100. Minute erhalten.
Beim **Schnupfen** muss die Substanz zunächst die Schleimhäute passieren, nach 40 Minuten ist eine Konzentration von etwa 200 ng erreicht, die nur sehr langsam zurückgeht.
Wird die Droge **geschluckt,** ist sie nach der Resorption durch Magen- bzw. Darmschleimhaut erst nach 60 Minuten im Blut präsent. Die Wirkung lässt langsam nach.
Unabhängig von der Einnahmeform ergibt sich im Blut und damit auch im Gehirn eine Anreicherung von Kokain mit allen Folgen.

4 **Antikörper** sind Proteine, deren Y-förmige Moleküle aus zwei schweren und zwei leichten Polypeptidketten bestehen, die über Disulfidbrücken miteinander verknüpft sind. Innerhalb jeder Kette gibt es einen konstanten und einen variablen Bereich. Die Antigenbindungsstellen liegen am variablen Bereich an den Gabelenden. Ein Antigen, das nach dem Schlüssel-Schloss-Prinzip an eine Bindungsstelle passt, wird dauerhaft gebunden und unschädlich gemacht.
Für eine erneute Antigen-Antikörper-Reaktion müssen von B-Plasmazellen neue Antikörper gebildet werden.
Bei einem **Abzym** wird ein Kokain-Antikörper mit einem Enzym verbunden. Am Antikörperteil wird das Kokain gebunden und durch den Enzymanteil in unwirksame Spaltprodukte zerlegt. Diese lösen sich und die Abzymmoleküle stehen für weitere Reaktionen zur Verfügung.

5 Eine Form des Lernens durch Belohnung ist die **operante Konditionierung** oder **bedingte Aktion.** Diese Lernform wird durch eine zufällige Handlung ausgelöst. Deren Erfolg verstärkt die nachfolgende Handlung. Bekannt sind Lernversuche mit Ratten und Tauben, wie sie Skinner in standardisierten Versuchsanordnungen durchführte.
Er setzte hungrige Ratten in so genannte Skinner-Boxen. Drückten sie bei der Nahrungssuche zufällig auf einen Hebel, der eine Futterklappe öffnete, wiederholten die Ratten nach kürzerer Zeit ihre Handlung, da sie durch das Futter belohnt worden waren.
Bei der **bedingten Appetenz** liegt eine Verknüpfung zwischen genetisch programmiertem und erlerntem Verhalten vor. Die Suche nach Nahrung ist bei Bienen eine angeborene Instinkthandlung. Während der Nahrungssuche, in der Appetenzphase, lernen die Bienen Duftstoffe von Trachtenquellen zu erkennen. Sie fliegen später gezielt an diese Futterquellen und sparen durch dieses Lernverhalten Energie in der Appetenzphase ein.

Die Abwandlung des Instinktverhaltens durch Lernen kann folgendermaßen dargestellt werden:

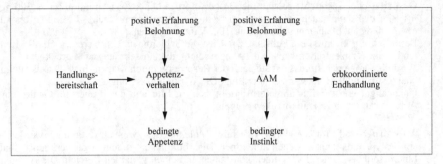

Lernen ist auch durch negative Erfahrungen möglich. Man spricht dann von bedingter Aversion und bedingter Hemmung.

1 Fertigen Sie von den drei vorliegenden Pflanzenteilen Mikropräparate an.

2 Zeichnen Sie auf unlinierten A4-Blättern von jedem der Präparate eine typische Zelle und deuten Sie dabei auch die angrenzenden Zellen an.
Beschriften Sie die Zeichnungen.
Nach Fertigstellung der Zeichnungen sind die Präparate jeweils unter dem Mikroskop dem Aufsicht führenden Fachlehrer vorzuweisen.

3 Stellen Sie in einer Tabelle die lichtmikroskopisch sichtbaren Zellbestandteile und die Funktion der drei Zellen gegenüber. Ziehen Sie aus der Zusammenstellung eine Schlussfolgerung.

(15 BE)

Lösungen

2 Von drei vorgelegten Pflanzenteilen sind Mikropräparate anzufertigen, zu betrachten und
zu zeichnen.

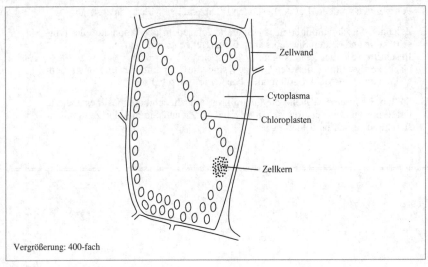

Zelle aus dem Blatt der Wasserpest

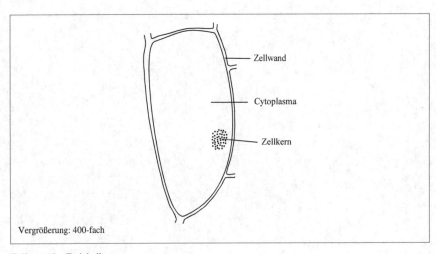

Zelle aus der Zwiebelhaut

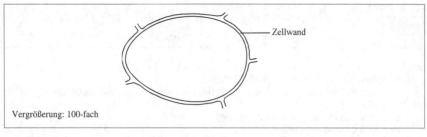

Vergrößerung: 100-fach

Zelle aus dem Rindenparenchym des Holunders

3

Zellen	Blatt von Wasserpest	Zwiebelhäutchen	Holundermark
Sichtbare Zellbestandteile	Zellwand, Zellkern, Chloroplasten	Zellwand, Zellkern	Zellwand
Funktion	Fotosynthese	Speicherung von Stoffen	Stoffspeicherung Festigung

Allen Zellen ist gemeinsam, dass sie eine Zellwand besitzen. Die unterschiedlichen Zellbestandteile stehen in Beziehung zur Funktion der einzelnen Zellen.

1 Bestimmen Sie die drei vorliegenden Pflanzen.
   – Notieren Sie für alle drei Arten den Bestimmungsweg (mit mindestens jeweils acht Entscheidungen):
   Literaturangabe zum Bestimmungsbuch,
   Seitenangaben der Tabellen,
   Angabe der Ziffern der Fragenpaare, für die sich entschieden wurde.
   – Geben Sie für die bestimmten Pflanzen den deutschen und den wissenschaftlichen Artnamen sowie die Pflanzenfamilie an.

2 In der Systematik unterscheidet man Arten und Rassen (bzw. Unterarten).
   Erläutern Sie den Unterschied.

(15 BE)

Lösungen

1 Mithilfe von Bestimmungsliteratur, die einen dichotomen Bestimmungsweg enthält, sind die Pflanzenfamilie und die Art zu ermitteln, z. B.

Literatur: Schmeil-Fitschen
Flora von Deutschland
88. Auflage, Quelle und Meyer Verlag

Bestimmungsweg: 8 Entscheidungsmerkmale sind zu notieren.

S. 51:   Tab. A
             1 Pflanzen mit Blüten
             3 Samen frei, nicht in Fruchtknoten eingeschlossen
Nacktsamige Pflanzen Tab. B, S. 54

S. 54:   1 Blätter nadelförmig
             2 Nadeln nicht in Quirlen zu 3
             3 Nadeln einzeln zu 2, 3, 5 oder in Büscheln
Pinaceae S. 147

S. 147:   1 Nadeln einzeln an Kurztrieben
             2 Nadeln zu 2 oder 5 an Kurztrieben
Pinus S. 148

S. 148:   1 Nadeln zu 2 in einer Scheide
             2 Nadeln 8–15 cm lang, Zapfen stehend

Art: **Schwarzkiefer *Pinus nigra* Arnold**
Familie: **Kieferngewächse Pinaceae**

2 Die **Grundeinheit der Systematik ist die Art.** Alle Lebewesen, die in wesentlichen Merkmalen übereinstimmen, eine gemeinsame Stammesgeschichte und fruchtbare Nachkommen miteinander haben, fasst man zu einer Art zusammen. Unter natürlichen Bedingungen sind Vertreter einer Art durch Fortpflanzungsschranken von anderen getrennt. Bei Arten, die sich eingeschlechtlich oder ungeschlechtlich vermehren, werden andere Kriterien herangezogen, durch die sie sich von anderen Arten deutlich abgrenzen.
Innerhalb einer Population zeigen sich Variabilitäten, die auf geringe Veränderungen des Genbestandes durch Mutation und Rekombination zurückzuführen sind. Lebewesen mit ähnlichen Merkmalen ordnet man **Rassen oder Unterarten** zu. Zwischen den Vertretern einzelner Rassen bestehen keine Fortpflanzungsschranken.
Die Kohlmeise *(Parus major L.)* grenzt sich als eigenständige Art von anderen Meisenarten ab. Durch Isolation bildeten sich nach der letzten Eiszeit in Europa und Asien fünf verschiedene Kohlmeisenformen heraus. Wo benachbarte Formen aufeinander treffen, können sich meist noch miteinander verpaaren, sind also Rassen einer Art.
Für die Europäische und die Chinesisch-Japanische Kohlmeise trifft dies jedoch nur begrenzt zu. Lebensräume und Gesang wurden so verschieden, dass Mischlinge zwischen beiden Formen nur selten auftreten.

Der Gülper See gehört zu den größten „Wasseraugen" der flachen, landwirtschaftlich genutzten Havelländischen Niederung. Er ist nur mäßig tief, ca. 3 km lang und etwa 2 km breit. Sein Freiwasser ist im Sommer vom Phytoplankton grün gefärbt. Die östliche Bucht ist in den letzten Jahren jedoch zunehmend verlandet und nun von Torfablagerungen angefüllt. Dieser Prozess wird durch Eutrophierung gefördert. Vom östlichen Zufluss des Sees, dem Rhin, werden Sand, Schlamm und Nährstoffe eingetragen. So kann hier im flachen, sich rasch erwärmenden Wasser eine üppige Pflanzengesellschaft gedeihen: Schwimmblattpflanzen, Großseggenriede, Weidenbuschgesellschaften und Erlenbruchwald bilden eine fast undurchdringliche Wildnis. Massen von Zooplankton, Fried- und Raubfische, zahlreiche Entenvögel, Haubentaucher, Rallen und Graureiher finden hier ebenso reichlich Nahrung wie der seltene Fischadler oder die Rohrweihe. Außerdem bietet der See alljährlich beim Vogelzug Wasservögeln nördlicherer Verbreitungsgebiete eine wichtige Ruhe- und Rastmöglichkeit. Der Gülper See ist daher seit Jahren als Naturschutzgebiet ausgewiesen.

1 Erstellen Sie aus den Textangaben eine Nahrungspyramide mit den entsprechenden Trophieebenen.
Erklären Sie die Artenvielfalt der Wasservögel am Gülper See. (5 BE)

2 Charakterisieren Sie den Gülper See mit Hilfe der Tab. 1 (Seetypen) und begründen Sie Ihre Entscheidungen. Erklären Sie, welche allgemeine Entwicklungstendenz von Ökosystemen dabei im östlichen Seebereich erkennbar ist. (5 BE)

3 Nennen Sie eine Ursache der Eutrophierung und erläutern Sie deren Auswirkung auf einen See. (4 BE)

4 Vergleichen Sie in einer Tabelle den Querschnitt durch das Laubblatt einer Schwimmblattpflanze (s. Abb. 1) mit dem eines Laubblattes einer mesophyten (= tropophyten) Landpflanze. Werten Sie zwei anatomische Besonderheiten der Schwimmblätter (s. Abb. 1) als Angepasstheit an den Lebensraum. (6 BE)

5 Stellen Sie in einer schematischen Übersicht (Fließbild) die Stoffwechselreaktionen dar, die bei Belichtung in der Thylakoidmembran der Chloroplasten des Assimilationsgewebes eines Laubblattes ablaufen. (5 BE)

(25 BE)

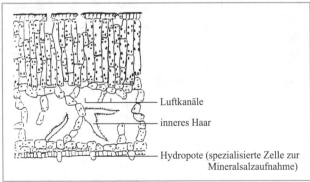

Luftkanäle

inneres Haar

Hydropote (spezialisierte Zelle zur Mineralsalzaufnahme)

Abb. 1: Querschnitt durch ein Schwimmblatt

| | Braunwassersee | Klarwassersee | |
	dystroph	oligotroph	eutroph
Tiefe vorherrschendes Plankton	meist gering Zooplankton	groß, > 100 m Kieselalgen	mäßig z. T. < 50 m Blau- und Kieselalgen
Sichttiefe	< 2 m	5 m–20 m	1 m–10 m
sommerliche Wasserfarbe	gelb/braun	blau	grünlich
O_2 in der Nährschicht	reichlich	reichlich	hoch
O_2 in der Zehrschicht	extrem gering	reichlich	zeitweilig gering
CO_2 in der Nährschicht	reichlich	reichlich	gering
CO_2 in der Zehrschicht	reichlich	reichlich	hoch
pH-Wert im Sommer	≤ 6	ca. 7	ca. 8
PO_4^{3-}	maximal Spuren	0,05	0,1–0,2
NO_3^-	maximal Spuren	≤ 1	≤ 1
Einschwemmung	gering bis hoch/saure Humusstoffe	hoch/mineralisch	hoch/organisch
Produktion je m^3 Nährschicht	sehr gering	gering	hoch
Abbau je m^3 Zehrschicht	minimal	gering	sehr hoch
Verhältnis Produktion zu Abbau	> 1	= 1	> 1
Tiefensediment	Torfschlamm/ Torf	anorganisch	Faulschlamm

Tab. 1: Seetypen im Vergleich

Lösungen

1 Ökosysteme sind u. a. durch die sie besiedelnden Organismen gekennzeichnet. Viele dieser Lebewesen stehen in verschiedenen Nahrungsbeziehungen zueinander, die in Nahrungs- netzen und -ketten aufgezeigt werden können. Dabei bilden sich immer bestimmte quanti- tative Verhältnisse zwischen **Produzenten** und **Konsumenten** heraus, wobei die über- große Mehrzahl der Individuen zu den Produzenten gehört und die Konsumenten in ver- schiedene Ordnungen unterteilt werden. Diese Abhängigkeit kann man in einer **Nahrungspyramide** darstellen. Für das im Text beschriebene Ökosystem ergibt sich folgende Struktur:

Konsumenten 4. Ordnung (Endkonsumenten) — Rohr- weihe, Fischadler

Konsumenten 3. Ordnung — Raubfische, Haubentaucher, Reiher

Konsumenten 2. Ordnung — weitere Friedfische, Rallen und Entenvögel

Konsumenten 1. Ordnung — Zooplankton, einige Friedfische und Enten

Produzenten — Schwimmblattpflanzen, Phytoplankton u. a.

Die Ursachen für die Ansiedlung so vieler verschiedener Wasservogelarten können vielfäl- tig sein. Immer aber unterliegen sie den Gesetzmäßigkeiten von **Konkurrenz** und Konkur- renzausschluss. Dabei gilt vor allem, dass Arten, die die gleichen Ressourcen bean- spruchen, bei Ressourcenverknappung gegeneinander konkurrieren und so eine Art ver- drängt wird, oder es kommt zur Konkurrenzverminderung und **Koexistenz.** Diese **Einnischung** kann auf verschiedene Weise geschehen. So sucht eine Vogelart die gleiche Nahrung (z. B. Muscheln) im offenen Wasser, die andere in Ufernähe. Brutgebiet oder -zeit, Aktivitätszeiten u. a. können sich unterscheiden.

2 Die Einordnung des Gülper Sees nach Tabelle 1 kann folgendermaßen aussehen. Das „Freiwasser ist im Sommer grün verfärbt", was laut Tabelle einem eutrophen, also nährstoffreichen Klarwassersee entspricht. Dies wird durch den östlichen Zufluss des Sees (Rhin) mit seinem Nährstoffeintrag begünstigt. Die östliche Bucht ist „von Torfablagerungen angefüllt", was laut Tabelle eher einen Braunwassersee mit anderer Wasserzusammensetzung (dystroph = mit extrem wenig Nährstoffen) darstellt und so zusätzliche ökologische Nischen bietet. Ändern sich in einem Ökosystem durch die Tätigkeit der Lebewesen (z. B Ausscheidun- gen) oder durch äußere Einflüsse die Umweltbedingungen, ändert sich auch die Besie- delung des Lebensraumes mit Organismen (Bildung anderer Pflanzen- und Tiergesell- schaften, z. B. „Schwimmblattpflanzen, Großseggenriede, Weidenbuschgesellschaften und Erlenbuchwald ...."). Diese Besiedlungsfolgegemeinschaften bezeichnet man als **Sukzessionen.** Stellt sich zeitweise ein Endzustand ein, wird er Klimax genannt. Durch den Eintrag von sauren Torf-Humusstoffen gibt es in der östlichen Bucht des Gülper Sees andere Sukzessionsgemeinschaften als im restlichen See, bis sich auch dort ein **Klimaxstadium** einstellt.

3 Eutrophe Gewässer sind besonders nährstoffreich an Phosphaten und Nitraten. Ursache dafür kann, wie im Beispiel beschrieben, ein Zufluss (hier mit dem Rhin) dieser Nährstoffe sein. Der Eintrag ist aber beispielsweise auch durch Düngung umliegender Landwirtschaftsflächen möglich.

Die Auswirkungen auf Seen als Ökosysteme hängen von der eingetragenen Nährstoffmenge und von der Dauer des Eintrages, also vom Grad der **Eutrophierung** ab.

Durch die zusätzlichen Nähstoffe wird die Produktion von Phytoplankton besonders in den Sommermonaten begünstigt. Dadurch nimmt auch die Menge an Zooplankton und anderer Konsumenten zu.

Durch die steigende Zahl von Organismen erhöht sich die Menge der Ausscheidungen und abgestorbenen Organismen, die bis auf den Grund des Sees absinken. Das fördert die Destruenten und Reduzenten in ihrer Entwicklung. Da diese Organismen für ihre Abbauprozesse Sauerstoff aus dem Wasser benötigen, wird dieser bald knapp (**Sauerstoffzehrung**) und es finden nur noch Gärungs- bzw. Fäulnisvorgänge anaerober Mikroorganismen statt. Dabei entstehen Faulschlamm und giftige Faulgase (z. B. Schwefelwasserstoff, Ammoniak), die im äußersten Fall ein Umkippen des Gewässers bewirken, sodass es biologisch tot ist.

4 Mesophyte Landpflanzen sind Pflanzen, die beim Wasserhaushalt zwischen Trockenpflanzen (Xerophyten) und Feuchtpflanzen (Hygrophyten) stehen.

Vergleicht man ein Blatt einer Schwimmblattpflanze mit dem einer mesophyten Landpflanze, ergibt sich folgende Tabelle:

	Schwimmblatt	Mesophytenblatt
Gemeinsamkeiten	Kutikula, obere und untere Epidermis, Palisaden- und Schwammgewebe vorhanden	Kutikula, obere und untere Epidermis, Palisaden- und Schwammgewebe vorhanden
Unterschiede	– obere Epidermis mit Spaltöffnungen – untere Epidermis mit Hydropoten – Schwammgewebe mit inneren Haaren und großen Luftkanälen (Interzellularen)	– obere Epidermis als geschlossene Zellschicht – untere Epidermis mit Spaltöffnungen – Schwammgewebe ohne innere Haare und große Luftkanäle (kleinere Interzellularräume)

Schlussfolgerung: Beide Blattarten verfügen über den gleichen Grundbau, weisen aber in Anpassung an den Umweltfaktor Wasser Unterschiede auf.

Spaltöffnungen befinden sich bei Schwimmblattpflanzen in der oberen Epidermis, da die untere Epidermis in das Wasser eingetaucht ist und so nur über die obere Epidermis ein Gasaustausch mit der Luft möglich ist.

Große Luftkanäle in den Blättern geben zusammen mit einer relativ großen Oberfläche den notwendigen Auftrieb zum Schwimmen und dienen gleichzeitig der Luftspeicherung für den besseren Gasaustausch.

Hydropoten in der unteren Epidermis gestatten als Ionenfänger eine bessere Mineralienaufnahme aus dem Wasser, da die Wurzeln vor allem der Verankerung im Boden dienen.

Die inneren Haare vergrößern die Oberfläche der Zellen, die an die Interzellularräume grenzen, und verbessern so die Möglichkeiten des Gasaustausches.

5 Schema der **Lichtreaktion** der Fotosynthese:
  Ort: Thylakoidmembranen in den Chloroplasten

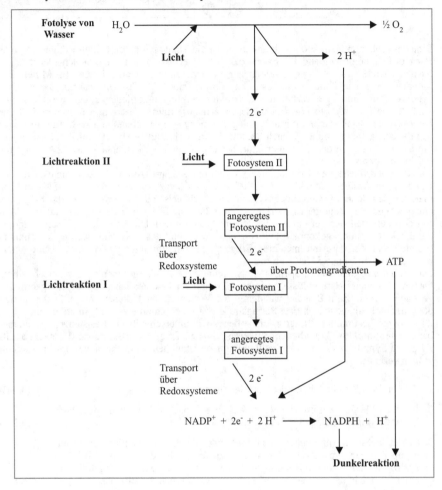

Eine der erblichen Hämoglobinerkrankungen ist die Thalassämie (dt. Mittelmeeranämie – eine Form des Hämoglobinmangels). Basen- bzw. Stückverluste (Deletionen) verschiedener Länge an den α- oder β-Globingenen führen zur Veränderung des Hämoglobins. Im Mittelmeerraum, vor allem in Italien, sind bestimmte Formen der β-Thalassämie häufig. Die Erythrozyten weisen dann eine verkümmerte Struktur auf und unterliegen einem beschleunigten Zerfall. Die homozygote Form (Thalassaemia major) führt meist schon früh zum Tod, die heterozygote (Thalassaemia minor) ist dagegen nicht weiter behandlungsbedürftig. In Italien tritt die Thalassaemia minor je nach Region mit einer Häufigkeit von 10–30 % auf. Hämoglobin ist ein Protein in der Quartärstruktur, bestehend aus zwei kürzeren α- und zwei längeren β-Globinketten sowie vier Häm-Molekülen.

Auf der Oberfläche von Erythrozyten sitzen Polysaccharid-Aminosäure-Komplexe, die als Blutgruppen-Antigene fungieren. Sie sind genetisch bedingt. Neben dem AB0-System kann man zur Zeit noch 14 Blutgruppensysteme, wie beispielsweise das MN- oder das S-System, entsprechend ihrer antigenen Wirkung unterscheiden. Die Gene des AB0- und des MN-Systems befinden sich auf unterschiedlichen Chromosomen. Die Gene des S-Systems sind an die des MN-Systems gekoppelt. Die Allele des MN- und des S-Systems werden kodominant (vergleichbar mit dem intermediären Erbgang) in den Varianten „MM", „MN" und „NN" bzw. „SS", „SS*" und „S*S*" vererbt.

Die Verteilung der Blutgruppen ist in verschiedenen Völkergruppen sehr unterschiedlich. Dadurch können Rückschlüsse auf die Herkunft unterschiedlicher Bevölkerungsgruppen gezogen werden. Zum Beispiel wanderten die Vorfahren der Indianer vor ca. 30 000 Jahren über die trockenliegende vereiste Beringstraße von Asien kommend nach Amerika ein.

Die Träger bestimmter Blutgruppen sollen auch unterschiedliche Resistenzen gegenüber bestimmten Infektionskrankheiten aufweisen. So sind Träger der Blutgruppe 0 weniger anfällig gegen Syphilis, eine in Amerika ursprüngliche Krankheit, die unbehandelt im Endstadium tödlich verläuft.

1 Beschreiben Sie den Ablauf der Translation. (4 BE)

2 Erklären Sie den Zusammenhang zwischen genetischen Ursachen und fehlerhafter Merkmalsbildung am Beispiel der Thalassämie. (5 BE)

3 Ermitteln Sie die möglichen Genotypen und die daraus resultierenden Blutgruppen (Phänotyp) der Kinder, wenn die Mutter die Blutgruppe AB MN S besitzt und der Vater die Blutgruppe B M S* hat. Stellen Sie Ihre Ergebnisse in einer Übersicht dar, geben Sie darin auch die Genotypen der Eltern an. (6 BE)

4 Erklären Sie die Entstehung der großen Häufigkeit der Blutgruppe 0 bei den Indianern Amerikas (s. Abb. 2) durch das Zusammenwirken verschiedener Evolutionsfaktoren. (3 BE)

5 Beschreiben Sie die Erscheinung der Agglutination (Verklumpung) des Blutes
   beim Vermischen mit Blut einer anderen Blutgruppe. (2 BE)
   (20 BE)

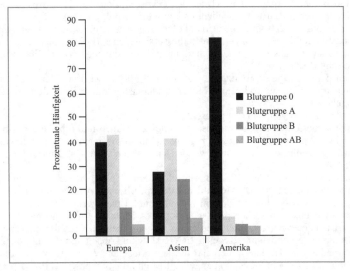

Abb. 2 Häufigkeit der AB0-Blutgruppen

Lösungen

1 Die **Translation** ist der Vorgang, der sich an die **Transkription** des DNA-Abschnittes (Gen) in mRNA und deren **Reifung** anschließt und zum Primärprotein führt. Zu diesem Zweck müssen sich im Zellplasma alle notwendigen Aminosäuren, kleine und große Ribosomenuntereinheiten, Enzyme sowie die verschiedenen tRNA-Moleküle befinden. Die Prozesse an den aus den beiden Untereinheiten zusammengesetzten Ribosomen lassen sich wie folgt beschreiben.

Die im Zellkern durch Enzyme produzierte und gereifte mRNA wird aus dem Zellkern transportiert und im Zellplasma oder am Rauhen Endoplasmatischen Retikulum an die Ribosomen angelagert.

Damit werden die Folgevorgänge in Gang gesetzt.

Die enzymatisch hergestellten tRNA-Aminosäurekomplexe werden in die Nähe der Ribosomen transportiert. Die Polypeptidsynthese beginnt an einem sogenannten Startcodon mit der Aminosäure Methionin, die am Schluss wieder abgespalten wird. Das Ribosom wandert auf der mRNA in 5' – 3'-Richtung.

Jeweils drei aufeinander folgende mRNA-Basen bilden ein Triplett, an das sich nun das entsprechende komplementäre tRNA-Molekül mit der spezifischen Aminosäure anlagert. Daraufhin wandert das Ribosom auf der mRNA um ein Triplett weiter. Im Eingangsbereich lagert sich ein neues komplementäres tRNA-Molekül mit entsprechender Aminosäure an. Die beiden Aminosäuren werden im Ausgangsbereich des Ribosoms enzymatisch zum Dipeptid verbunden und das erste tRNA-Molekül koppelt von der mRNA ab.

Das Ribosom wandert ein Triplett weiter und die beschriebenen Vorgänge wiederholen sich, bis das Ribosom an einem Stopcodon angelangt ist und die Synthese des Polypeptids wegen der nicht vorhandenen komplementären tRNA abgebrochen wird.

Ergebnis der Vorgänge an den Ribosomen ist ein Polypeptid mit Primärstruktur. Die Translation kann sich durch viele hintereinander arbeitende Ribosomen sooft wiederholen, wie Bedarf an diesem Eiweiß besteht.

2 Die **Thalassämie** ist eine erbliche Form des **Hämoglobin**mangels.

Beschrieben wird die β-Thalassämie mit der oft zu einem frühen Tod führenden homozygoten Thalassaemia major und der nicht weiter behandlungsbedürftigen Thalassaemia minor.

Ursache für die Hämoglobinveränderungen sind Basen- oder Stückverluste unterschiedlicher Länge (**Deletionen**) an den α- oder β-Globingenen.

Durch diese Verluste werden bei der Transkription fehlerhafte mRNA-Moleküle aufgebaut. Beim Ablesen der fehlerhaften mRNA in der Translation (s. 1.) ergibt sich nun ein falsches Ablesemuster. Dadurch werden falsche Aminosäuren in die Peptidkette eingebaut oder es fehlen Aminosäuren.

So entstehen unvollständige oder veränderte Proteine, hier Globinmoleküle, die nicht voll funktionsfähig sind.

Im Fall der Thalassämie bewirken sie die Bildung von Erythrozyten mit verkümmerter Struktur und einem rascheren Zerfall, was den Blutsauerstofftransport negativ beeinflusst, bis hin zum frühen Tod bei Thalassaemia major.

3 Die Vererbung der Blutgruppen vollzieht sich für auf getrennten Chromosomen vererbte Merkmale nach den Mendelschen Regeln.

Im Beispiel hat die Mutter die Blutgruppe AB MN S. Ihr Genotyp muss also AB MN SS sein. Der Vater hat Blutgruppe B M S*, also als mögliche Genotypen BB MM S*S* oder B0 MM S*S*.

Daraus ergeben sich für die Kinder folgende Konstellationen:

Keimzellen Mutter	Keimzellen Vater B M/S*	Phänotyp Kind	Keimzellen Vater 0 M/S*	Phänotyp Kind
A M/S	AB MM SS*	AB M SS*	A0 MM SS*	A M SS*
A N/S	AB MN SS*	AB MN SS*	A0 MN SS*	A MN SS*
B M/S	BB MM SS*	B M SS*	B0 MM SS*	B M SS*
B N/S	BB MN SS*	B MN SS*	B0 MN SS*	B MN SS*

4 Nach Abb. 2 kommt in Amerika die Blutgruppe 0 bei 85 % der Bevölkerung vor, in Asien nur bei ca. 28 % und in Europa bei 40 %.
Die Entstehung der Häufigkeit bei den Indianern in Amerika könnte man so erklären:
Vor ca. 30 000 Jahren wanderten die Vorfahren der Indianer über die Behringstaße von Asien aus nach Amerika ein. Unter den Einwanderern, die durch das Meer wieder von ihren asiatischen Vorfahren getrennt waren (**geografische Isolation**) könnten zufällig mehr Personen mit Blutgruppe 0 gewesen sein, sodass es durch deren häufigere Vermehrung zu einer Anhäufung von Nachkommen mit Blutgruppe 0 kam (**Gendrift**).
Außerdem sind Menschen mit Blutgruppe 0 unempfindlicher gegen Infektionskrankheiten wie die aus Amerika stammende Syphilis.
Wahrscheinlich haben diese Menschen Epidemien häufiger überlebt als Menschen mit anderen Blutgruppen, was bei deren Vermehrung wieder zu einer Anreicherung dieser Gene führte (**Selektion**).

5 Auf der Zelloberfläche der roten Blutkörperchen befinden sich spezifische Polysaccharid-Aminosäure-Komplexe, die sich je nach Blutgruppe voneinander unterscheiden. Das Immunsystem erkennt diese Kombination als körpereigen. In den ersten Wochen und Monaten nach der Geburt werden, wahrscheinlich durch Kontakt mit bestimmten Darmbakterien verursacht, Immunreaktionen ausgelöst, die zur Bildung von **Antikörpern** und **B-Gedächtniszellen** gegen jeweils fremde Blutgruppen führen. Kommt nun das Blut mit einer fremden Blutgruppe in Verbindung, setzt die Antikörperproduktion ein. Die Antikörper binden mit ihren zwei Bindungsstellen an die Antigene der fremden roten Blutkörperchen (**Antigen-Antikörper-Reaktion**) und es kommt zu den typischen Verklumpungserscheinungen (**Agglutination**).

1 Geben Sie in ein geeignetes Gefäß (z. B. Tüpfelplatte) folgende Substanzen:
A – Wasser
B – geriebener roher Apfel
C – geriebene rohe Kartoffel
D – gekochte Kartoffel
E – Hefesuspension
F – rohe Leber

Versetzen Sie diese Substanzen mit jeweils 5 Tropfen Wasserstoffperoxid.
Protokollieren Sie Ihre Beobachtungen und ziehen sie Schlussfolgerungen.
Achten Sie während des Experiments auf Einhaltung der Arbeitsschutz-
bestimmungen. (5 BE)

2 Stellen Sie in **einem** Diagramm den energetischen Verlauf einer enzymatischen und einer nichtenzymatischen Reaktion dar.
Beschreiben Sie den Ablauf einer enzymatischen Reaktion. (6 BE)

3 Die Aktivität von Enzymen ist von äußeren Faktoren abhängig.
Interpretieren Sie die nachfolgenden Abbildungen 3 und 4.

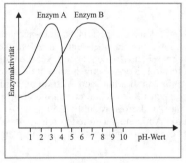

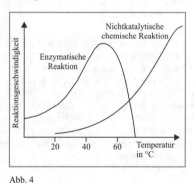

Abb. 3   Abb. 4

Begründen Sie Ihre Aussage. (4 BE)
(15 BE)

Lösungen

1 Beim Versetzen der sechs vorgegebenen Substanzen mit Wasserstoffperoxidlösung ergeben sich folgende Beobachtungen:

A – Wasser: keine Veränderung
B – geriebener roher Apfel: Gasentwicklung
C – geriebene rohe Kartoffel: Gasentwicklung
D – gekochte Kartoffel: keine Veränderung
E – Hefesuspension: Gasentwicklung
F – rohe Leber: Gasentwicklung

Aus den Beobachtungen lassen sich folgende Schlussfolgerungen ziehen.
Die zu beobachtenden Reaktionen finden nur in lebenden Geweben statt (B, C, E und F).
Es handelt sich dabei offensichtlich um eine enzymatische Reaktion, bei der Wasserstoffperoxid als Substrat dient. Dafür kommt nur die Abbaureaktion von Wasserstoffperoxid durch Katalase in Frage. Dabei entsteht das Gas Sauerstoff, das das Aufschäumen bewirkt.

$$2 H_2O_2 \longrightarrow 2 H_2O + O_2$$

In gekochten Kartoffeln wurden durch Temperatureinwirkung die Enzyme denaturiert, die Katalase ist nicht mehr arbeitsfähig.
Wasser enthält logischerweise keine Enzyme für die Reaktion.

2 **Abb 2. energetischer Verlauf einer enzymatischen und nichtenzymatischen Reaktion**

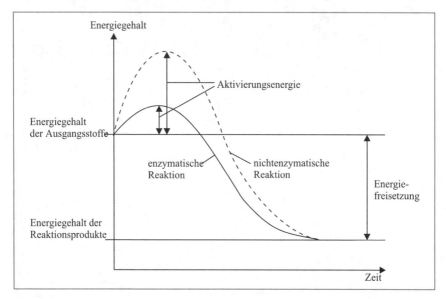

Enzyme sind Biokatalysatoren mit Proteinstruktur. Sie bewirken die Absenkung der Aktivierungsenergie biochemischer Reaktionen, sodass diese bei Körpertemperatur ablaufen können.

Dazu bindet das Enzym in seinem aktiven Zentrum das Substrat mit seiner typischen Bindungsstelle (**Enzym-Substrat-Komplex**) und verändert es so (räumliche Struktur, Wasserstoffbrücken etc.), dass die Reaktion leichter ablaufen kann. Dabei entsteht der **Enzym-Produkt-Komplex**. Das Enzym entlässt das Produkt und liegt nun unverändert für erneute Reaktionen vor.

3 In Abb. 3 wird die Abhängigkeit der Enzymaktivität der Enzyme A und B vom pH-Wert dargestellt.
Es ist zu erkennen, dass die Tätigkeit der Enzyme jeweils bei unterschiedlichen pH-Werten optimal verläuft.
Während Enzym A im sauren Bereich mit einem pH-Optimum von ca. 3 arbeitet, ist Enzym B im pH-Bereich 0 – 9 mit dem Optimum zwischen 6 und 8 wirksam.
In Abb. 4 wird die Abhängigkeit der Reaktionsgeschwindigkeit enzymatischer und nichtenzymatischer Reaktionen von der Temperatur dargestellt.
Nichtenzymatische Reaktionen folgen der Reaktionsgeschwindigkeits-Temperatur-Regel (**RGT-Regel**), die besagt, dass sich durch die raschere Teilchenbewegung und die damit verbundene Zunahme der wirkungsvollen Teilchenzusammenstöße die Reaktionsgeschwindigkeit bei einer Temperaturerhöhung um 10 Grad etwa verdoppelt.
Gleiches gilt auch für die enzymatische Reaktion bis zu einer Temperatur von ca. 50 °C. Bei darüber liegenden Temperaturen sorgen **Hitze-Denaturierungseffekte** der Enzyme für ein rasches Absinken der Reaktionsgeschwindigkeit.

1 Fertigen Sie von der vorliegenden Sprossachse einen Querschnitt an.
Mikroskopieren Sie das Objekt und erstellen Sie eine beschriftete schematische
Übersichtszeichnung (keine einzelnen Zellen).
Nach Fertigstellung der Zeichnung ist das Präparat unter dem Mikroskop dem
Aufsicht führenden Fachlehrer vorzuweisen. (5 BE)

2 Mikroskopieren Sie das vorliegende Dauerpräparat eines Sprossachsenquer-
schnittes.
Fertigen Sie eine beschriftete schematische Übersichtszeichnung an.
Nach Fertigstellung der Zeichnung ist das Präparat unter dem Mikroskop dem
Aufsicht führenden Fachlehrer vorzuweisen. (4 BE)

3 Stellen Sie Gemeinsamkeiten und Unterschiede im Bau beider Sprossachsen-
querschnitte gegenüber. (2 BE)

4 Beschreiben Sie die Vorgänge der Wasserleitung in der Sprossachse einer be-
decktsamigen Pflanze. (4 BE)
(15 BE)

Lösungen

1 Nach dem Anfertigen des Mikropräparates (z. B. Sprossquerschnitt einer zweikeimblätt-rigen Pflanze) und dessen Mikroskopie ist davon eine beschriftete Übersichtszeichnung ohne einzelne Zellen anzufertigen.

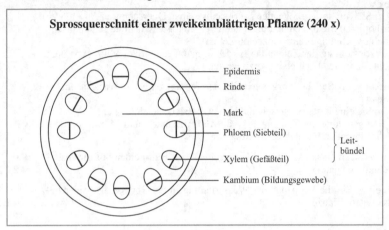

Sprossquerschnitt einer zweikeimblättrigen Pflanze (240 x)

Epidermis
Rinde

Mark

Phloem (Siebteil)

Xylem (Gefäßteil)

Kambium (Bildungsgewebe)

Leit-bündel

2 Von der Mikroskopie des Dauerpräparates (z. B. Sprossquerschnitt einer einkeimblättrigen Pflanze) ist eine beschriftete Übersichtszeichnung ohne einzelne Zellen anzufertigen.

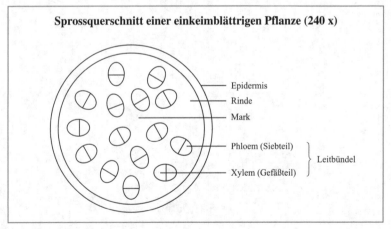

Sprossquerschnitt einer einkeimblättrigen Pflanze (240 x)

Epidermis
Rinde
Mark

Phloem (Siebteil)

Xylem (Gefäßteil)

Leitbündel

3 **Ein- und zweikeimblättrige Pflanzen** stimmen hinsichtlich des Grundaufbaus ihrer Sprossachsen weitgehend überein.
Beide verfügen über die Epidermis, die Rinde und das Mark sowie die Leitbündel mit Xylem und Phloem.

Unterschiede sind folgende:
- Die Leitbündel der Einkeimblättler sind unsymmetrisch, die der Zweikeimblättler symmetrisch an der Grenze zwischen Rinde und Mark angeordnet.
- Die Leitbündel der Zweikeimblättler verfügen zwischen Xylem und Phloem in den Leitbündeln über ein Kambium, das zwischen den Leitbündeln zu einem Kambiumring auswachsen kann.
- Die Rindenschicht der zweikeimblättrigen Pflanzen fällt im Vergleich stärker aus.

4 Wasser wird in den Sprossachsen der Samenpflanzen in den Gefäßen (Xylem) der Leitbündel von den Wurzeln in die Blätter transportiert.

Da über die Wurzelhaare aus dem Boden ständig neues Wasser aufgenommen wird und in die Gefäße nachströmt, entsteht von unten ein **Wurzeldruck**.

Durch die Spaltöffnungen der Blätter wird je nach Luftfeuchtigkeit mehr oder weniger Wasserdampf abgegeben, sodass ein variabler **Transpirationssog** in den Gefäßen entsteht, der den Wasserstrom von unten nach oben in Bewegung hält.

Kohäsion und **Adhäsion** schließlich lassen die Wasserteilchen in den Gefäßen zu einer ununterbrochenen Wassersäule zusammenhalten.

Im Jahre 1999 entdeckte eine Gruppe von Forschern in Sedimentproben vor der Küste Namibias die bisher größte bekannte Bakterienart. Die *Thiomargarita namibiensis* genannte Art erreicht einen Durchmesser von durchschnittlich 0,1–0,3 mm. Im Inneren des Plasmas speichert *T. namibiensis* kleine Schwefelkügelchen, welche durch die Oxidation von aufgenommenen Sulfid-Ionen gebildet werden. In einer Vakuole, die 98 % des Zellvolumens umfassen kann, speichert das Bakterium eine Nitratlösung. Die Nitratkonzentration innerhalb der Zelle kann bis zu 10 000-mal höher sein als im umgebenden Meerwasser. Beide bevorrateten Stoffe sichern das Überleben bei Nährstoffmangel.
Diese chemoautotrophen Schwefelbakterien nutzen Sulfid-Ionen bzw. gespeicherten Schwefel als Energiequelle für ihre Assimilation. Das für die Reduktion von CO_2 benötigte Reduktionsmittel $NADH + H^+$ wird durch eine „rückläufige" Atmungskette hergestellt. Bei der ATP-Gewinnung verläuft die Atmungskette „vorwärts". Nitrat-Ionen dienen bei *T. namibiensis* im Stoffwechsel auch als Sauerstoffquelle (s. Abb. 1).
T. namibiensis verkraftet für Mikroorganismen sehr extreme und gegensätzliche Umweltbedingungen. Das Bakterium verträgt nitratreiches Meerwasser, kann aber Mangel kompensieren. Gleichzeitig kommt es im sauerstoffreichen Wasser gut zurecht, toleriert aber auch unter anaeroben Bedingungen hohe Konzentrationen des giftigen Schwefelwasserstoffs. Andere Destruenten müssten unter solchen Bedingungen sterben. Dabei verknüpft *T. namibiensis* in seiner ökologischen Nische als Destruent im Meeresboden den Schwefel- und Stickstoffkreislauf. Das ist besonders bemerkenswert, da nur durch die ständige Regeneration der Elemente Kohlenstoff, Stickstoff und Schwefel Leben auf der Erde existieren kann. Bei diesen Kreisläufen werden die drei Elemente in Form verschiedener Stoffe im Wechselspiel von Oxidation und Reduktion transportiert.

1 Beschreiben Sie mithilfe der Abb. 1 den Prozess der Chemosynthese und führen Sie ihn bis zur Bildung von Glucose weiter. (7 BE)

2 Erklären Sie das Zustandekommen sehr hoher Nitrat-Konzentrationen in der Vakuole von *T. namibiensis*. (4 BE)

3 Vergleichen Sie anhand von zwei Zellbestandteilen den Bau einer fotoautotrophen Pflanzenzelle mit dem Bau von *T. namibiensis*. (5 BE)

4 Stellen Sie den Stickstoffkreislauf eines Ökosystems schematisch dar. Ordnen Sie *T. namibiensis* ein. (6 BE)

5 Definieren Sie den Begriff „ökologische Nische" und begründen Sie die Bedeutung der Einnischung von Organismen. (3 BE)
(25 BE)

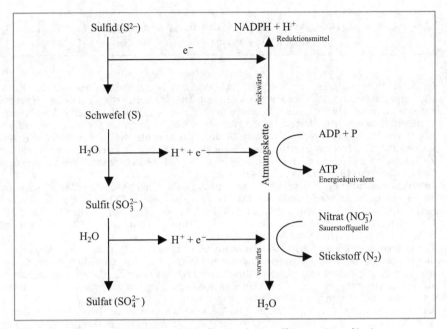

Abb. 1: Verlauf der anorganischen Oxidation bei der Chemosynthese von *Thiomargarita nambiensis* (stark vereinfacht)

Lösungen

1 Bei der **Chemosynthese** müssen die Organismen das Reduktionsäquivalent NADPH + H$^+$ sowie den Energiespeicher ATP über enzymatisch katalysierte Redoxreaktionen meist anorganischer Stoffe in genügenden Mengen herstellen.
Abb. 1 zeigt im Beispiel die ablaufenden Prozesse.
Sulfid-Ionen werden über Schwefel, den *Thiomargarita namibiensis* auch speichert, zu Sulfit-Ionen und zum Schluss zu Sulfat-Ionen oxidiert. Dazu nutzt die Zelle den Sauerstoff aus der Wasserspaltung. Die dabei freigesetzten Protonen und Elektronen gehen in die Atmungskette ein, in der die Bakterien daraus die erforderlichen Mengen an ATP und NADH + H$^+$ herstellen. Als Sauerstoffquelle für die Aufrechterhaltung der Atmungskette werden Nitrat-Ionen zu Stickstoff und Sauerstoff reduziert. Letzterer reagiert mit Protonen und Elektronen zu Wasser.

Wie in den lichtunabhängigen Reaktionen der Fotosynthese, müssen auch die chemosyntheseaktiven Mikroorganismen im Calvin-Benson-Zyklus Kohlenstoffdioxid an ein Akzeptormolekül binden (carboxylierende Phase). So entsteht Glycerinsäure. Unter Beteiligung des Reduktionsmittels NADH + H$^+$ sowie unter Verbrauch von ATP wird diese zu Glycerinaldehydphosphat reduziert (reduzierende Phase).
Aus einem Teil dieser Moleküle entsteht das Produkt Glucose. Die restlichen Moleküle werden wieder zum Akzeptor umgewandelt (regenerierende Phase).

2 Vakuolen sind membranumschlossene Räume, in deren Innerem andere Stoffe oder Stoffkonzentrationen als im umgebenden Zellplasma zu finden sein können.
Bei *Thiomargarita namibiensis* kann die Vakuole bis zu 98 % des Zellvolumens ausmachen und dabei eine gegenüber dem Meerwasser 10 000-mal höhere Nitrat-Ionen-Konzentration enthalten. Da die Nitrat-Ionen als Sauerstoffquelle für die intakte Atmungskette dienen, ist eine Speicherung für Zeiten der Verknappung wichtig für das Überleben.
Die Membranen der Bakterienzellen, also auch die der Speichervakuolen, sind als Phospholipid-Doppelschichten für Ionen nicht passierbar. Somit findet der Ionentransport oft mittels Carrier-Proteinen statt. Da die Nitrat-Ionenkonzentration im Meerwasser geringer als in der Vakuole ist, kommt nur ein aktiver Transport unter ATP-Verbrauch in Frage, wodurch die Konzentrationsverhältnisse aufrecht erhalten werden. Dazu binden die Carrier-Moleküle die Nitrat-Ionen an sich und transportieren sie durch die Membran ins Vakuoleninnere.

3 Jede Zelle muss die Erbinformation (meist in Form von DNA) besitzen, die die Bildung von Proteinen verschlüsselt und damit sämtliche Lebensvorgänge beeinflusst.
In der Pflanzenzelle befindet sich die meiste DNA eingeschlossen im Zellkern in den Chromosomen sowie außerhalb des Zellkerns in den Chloroplasten und Mitochondrien.
In den Zellen von *Thiomargarita namibiensis*, wie in Bakterien überhaupt, kommt die DNA frei im Cytoplasma als Kernäquivalent und in Form von Plasmiden vor.
Beide Zellarten müssen Enzymsysteme für die autotrophe Lebensweise besitzen.
In der fotoautotrophen Pflanzenzelle sind die Enzyme für die Fotosynthese in den Chloroplasten, z. B. in den Thylkoidmembranen, enthalten. *Thiomargarita namibiensis* als chemoautotrophes Bakterium besitzt keine den Chloroplasten ähnliche Strukturen. Die Chemosyntheseenzyme befinden sich wahrscheinlich an der Zellmembran oder deren Einstülpungen.
Schlussfolgernd lässt sich sagen, dass die Pflanzenzelle eine Eukaryotenzelle, die Bakterienzelle aber eine Prokaryotenzelle ist.

4 Darstellung eines vereinfachten Stickstoffkreislaufes:

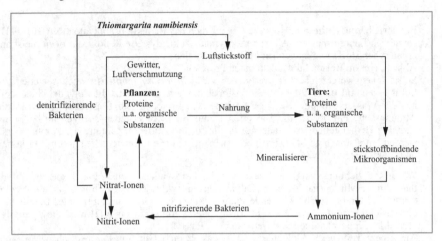

5 Die **ökologische Nische** für Lebewesen einer Art ist die Gesamtheit aller biotischen und abiotischen Umweltfaktoren, die für ein Überleben erforderlich sind.

Da nach dem Konkurrenzausschlussprinzip nie zwei Arten mit den gleichen ökologischen Nischen, also identischen Umweltansprüchen, vorkommen, vermindert die **Einnischung** die Konkurrenz zwischen Arten. Sie führt zur Koexistenz zwischen Arten im gleichen Lebensraum.

Das äußert sich z. B. in unterschiedlichen Beutespektren, Aktivitäts-, Jagd-, Brut- oder Jungenaufzuchtzeiten.

Dadurch werden die Lebens- und Überlebensmöglichkeiten der einzelnen Individuen deutlich verbessert.

Vor ca. 9 Millionen Jahren war Italien bis auf inselartig herausragende Teile der Apenninen vom Tethys-Meer bedeckt. Raubtiere starben durch eine Hungerkatastrophe aus. So konnten sich u. a. Zwergelefanten, Riesenhasen und eine schimpansengroße Menschenaffenart *(Oreopithecus bamboli)* entwickeln.

Man vermutete, dass sich diese Menschenaffen aufgrund der langen Arme und gekrümmten Finger hangelnd fortbewegten. Neuere Untersuchungen eines fast vollständigen Skeletts mit einem Hirnvolumen von ca. 500 cm³, S-förmiger Wirbelsäule sowie typischen Beinknochen mit tellerartigen Füßen und breit abgespreizten Zehen führten zu dem Ergebnis, dass die Tiere gemächlich aufrecht gingen. Die Füße gestatteten ihnen vermutlich vor allem ausdauerndes Stehen, um mit den langen Armen Früchte aus Büschen und Bäumen zu pflücken.

Nach Absinken des Meeresspiegels wanderten wieder Raubtiere ein, die die langsamen Tierarten der ehemaligen Insel rasch ausrotteten.

Zum Erkenntnisgewinn setzt die Paläontologie u. a. Fossilien und Vergleiche mitochondrialer DNA ein. So gelang es z. B. kürzlich aus Knochen eines 1856 im Neandertal bei Düsseldorf gefundenen Skeletts eines Neandertalers Reste fossiler mitochondrialer DNA zu isolieren. Diese wurden mittels Polymerasekettenreaktion (PCR) vermehrt und hinsichtlich bestimmter variabler Bereiche mit adäquaten Bereichen menschlicher und Schimpansen-Mitochondrien-DNA verglichen (s. Abb. 2).

Damit hofft man neue Hinweise zur Klärung der Frage zu erhalten, ob der Neandertaler als direkter Vorfahr des Menschen *(Homo sapiens neanderthalensis)* oder als eigene Art *(Homo neanderthalensis)* zu bewerten ist.

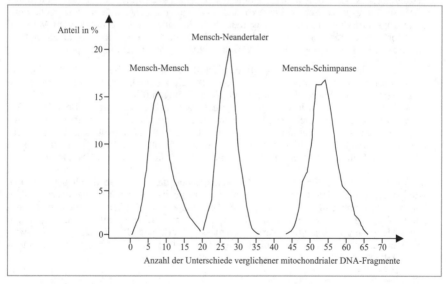

Abb. 2: Vergleich mitochondrialer DNA-Fragmente

1 Erklären Sie die Ausbildung eines Merkmals von *Oreopithecus bamboli* mithilfe von zwei verschiedenen Theorien zur Entstehung neuer Arten. (4 BE)

2 Werten Sie das Diagramm (Abb. 2) aus. (3 BE)

3 Beschreiben Sie den Aufbau und die Verdopplung der DNA. (6 BE)

4 Stellen Sie in einer Tabelle *Oreopithecus bamboli, Homo neanderthalensis* und *Homo sapiens* hinsichtlich relativer Körpergröße, relativem Hirnvolumen, Fortbewegung, Kultur, Feuergebrauch und Ernährung gegenüber. (3 BE)

5 Beschreiben Sie an je einem Beispiel Ablauf und Bedeutung einer angeborenen und einer erworbenen Form des Verhaltens des Menschen. (4 BE)

(20 BE)

Lösungen

1 Als Beispiel soll die Herausbildung der langen Arme zum Pflücken der Früchte aus Büschen und Bäumen bei *Oreopithecus bamboli* dienen.

Nach der **Synthetischen Evolutionstheorie** bewirken zufällige Mutationen längerfristig Veränderungen von Merkmalen des Genpools und damit wahrscheinlich auch ein Variieren der Armlänge. Individuenüberschuss, der durch fehlende Feinde begünstigt wird, führt unter den Tieren zu Konkurrenz um Nahrung. Tiere mit längeren Armen können wahrscheinlich mehr entlegenere Früchte pflücken, sodass sie über eine größere Fitness verfügen. Dies garantiert ihnen bessere Fortpflanzungschancen, vielleicht auch durch „Brautwerbungsgeschenke" in Form von besonders guten Früchten, die an potenzielle Fortpflanzungspartnerinnen abgegeben werden. So pflanzen sich Tiere mit diesem Merkmal öfter fort, sodass sich mit der Zeit dieses Merkmal in der Population anreichert und die kurzarmigeren Tiere seltener werden, was der Darwin'schen Selektion entspricht.

Nach dem Paläontologen J. Gould befinden sich die Lebewesen über längere Zeiträume in einem Zustand relativer Stagnation, sodass Merkmale ziemlich konstant bleiben. Danach folgen sprunghafte Wechsel, die zu raschen Veränderungen führen.
Ursache dafür könnte ein in Umweltstresssituationen beobachteter großer Bedarf der Zellen an Hitzeschockproteinen sein. Diese verhelfen normalerweise neu synthetisierten Proteinmolekülen zu ihrer funktionsfähigen räumlichen Struktur. Mangelt es an Hitzeschockproteinen, kommen bisher nicht bemerkbare „stumme" Mutationen zum Tragen und führen zu einer Vielzahl neuer Merkmale, die dann der natürlichen Auslese (Selektion) unterliegen.
So könnte für *Oreopithecus bamboli* das Aussterben der Raubtiere durch die erwähnte Hungerkatastrophe den Umweltstress durch intraspezifische Konkurrenz hervorgerufen haben, der zu einem Mangel an Hitzeschockproteinen führte. So kam es zu einem sprunghaften Wechsel, der die „stummen" Mutationen über die Eiweißsynthese zur Ausbildung neuer Merkmale, z. B. längerer Arme, veranlasste. Merkmale, die sich als nützlich erwiesen, wurden durch häufigere Fortpflanzung solcher Tiere und damit häufigere Merkmalsweitergabe angereichert.

2   Für die Untersuchungen von Abstammungsverhältnissen greifen die Wissenschaftler oft
auf Vergleiche mitochondrialer DNA zurück. Das beruht auf der Annahme, dass diese
DNA nur über die mütterliche Linie, also über die Eizelle weitervererbt würde, was auch
die Mutationsrate halbierte. Daraus könnte man dann verwandtschaftliche Beziehungen
genauer ermitteln. Relativiert wird dies durch neuere Forschungsergebnisse, nach denen ab
und zu auch väterliche Mitochondrien in die zu befruchtende Eizelle übertreten.
Ein Ergebnis dieses Vergleichs stellt das Diagramm dar, was die Anzahl der Unterschiede
der zwischen Mensch und Mensch, Mensch und Neandertaler bzw. Mensch und Schim-
panse verglichenen analogen Mitochondrien-DNA-Fragmente und deren jeweilige Anteile
in % untersucht.
Dabei ist ersichtlich, dass beim Vergleich Mensch-Mensch die Zahl der Unterschiede von
0 bis zu 20 am geringsten ausfällt. Der Hauptanteil der Unterschiede liegt zwischen 5 und
15 mit bis zu 15 %.
Bei der Gegenüberstellung Mensch-Neandertaler ist die Zahl der Unterschiede größer mit
20 bis 32, der Hauptanteil liegt zwischen 23 und 28 Unterschieden mit bis zu 20 %.
Im Vergleich Mensch-Schimpanse ist die Zahl der Unterschiede mit 45 bis 65 am größten.
Der Hauptanteil liegt bei 51 bis 58 Unterschieden mit bis zu 16 %.

Daraus lässt sich schlussfolgern, dass Mensch und Neandertaler wahrscheinlich eigene
Arten gebildet haben *(Homo sapiens* und *Homo neanderthalensis)*, die aber näher miteinander verwandt waren, als mit den Schimpansen.

3   Ein DNA-Makromolekül besteht aus immer wiederkehrenden Bausteinen, den Nukleo-
tiden. Jedes Nukleotid setzt sich aus einem mit Phosphorsäure veresterten Zuckermolekül
(Desoxyribose) und einer mit dem Zucker über das C_1-Atom verbundenen, von Purin- oder
Pyrimidin abgeleiteten, organischen Base (Adenin und Guanin bzw. Thymin und Cytosin)
zusammen.
Durch Verbindung des Phosphorsäureresters mit den C_3- bzw. C_5-Atomen der Zuckermoleküle des nächsten Nukleotids entsteht eine strangförmige Struktur.
Dadurch, dass sich jeweils eine komplementäre Base (Adenin zu Thymin bzw. Guanin zu
Cytosin) eines freien Nukleotids mit der entsprechenden Base des DNA-Einzelstranges
über Wasserstoffbrücken verbindet und somit ein komplementärer zweiter Strang anti-
parallel angeordnet wird, entsteht der **DNA-Doppelstrang** mit seinen Helixwindungen.
Die Verdopplung eines DNA-Moleküls, die **identische Replikation**, läuft unter Beteiligung von verschiedenen Enzymen ab. Zuerst wird der zu kopierende Doppelstrang in
zwei Einzelstränge gespalten und entspiralisiert. Anschließend beginnt durch das Enzym
Polymerase der Aufbau der komplementären Stränge in 5'-3'-Richtung durch Anlagerung
der komplementären Nukleotide. Diese erfolgt an einem Teilstrang, dem Leitstrang, kontinuierlich, am anderen, dem Verzögerungsstrang, stückweise mit anschließender Ligase-
Verknüpfung der Teilstücke.
So verfügt jeder der beiden entstanden Doppelstränge über einen Originalstrang und einen
neu synthetisierten Strang (semikonservative Replikation).

4

	Oreopithecus bamboli	*Homo neanderthalensis*	*Homo sapiens*
Relative Körpergröße	schimpansengroß	ca. 1,60–1,70 m, zum Teil auch größer	ca. 1,70–1,80 m
Relatives Hirnvolumen	500 cm^3	ca. 1.500 cm^3	ca. 1 400 cm^3
Fortbewegung	aufrechter Gang	aufrechter Gang	aufrechter Gang
Kultur	keine	vorhanden	noch stärker ausgeprägt
Feuergebrauch	nein	ja	ja
Ernährung	Früchte	vorrangig tierische Kost, auch Früchte	Mischkost

5 Einige angeborene Verhaltensweisen sind unbedingte Reflexe. Ein Beispiel dafür wäre der Kniesehnenreflex des Menschen. Hierbei ist das Axon der Sinneszelle in der Muskelsehne mit dem Motoneuron, das im Muskel in einer motorischen Endplatte endet, verbunden (Reflexbogen). So führt z. B. ein Schlag mit dem Reflexhammer bei entspanntem angewinkelten Bein unter die Kniescheibe (Reiz) zu einem sofortigen Vorschnellen des Unterschenkels, da die Erregung auf dem kürzesten Weg von der Sinneszelle zur motorischen Endplatte über die saltatorische Erregungsleitung weiter geleitet wird und so die Muskelkontraktion als Reaktion auslöst.

Diese Reflexe sind genetisch fixiert und laufen ein Leben lang in der gleichen Weise ab, da sie überlebensnotwendig sind.

Lernanteile des Verhaltens entstehen durch erfahrungsbedingte Änderungen des Verhaltens.

So ist der Mensch z. B. in der Lage, eine Verhaltensweise eines anderen Menschen zu beobachten und durch wiederholtes Nachahmen zu trainieren und zu perfektionieren. Das führt zur Ausbildung neuer Verschaltungen in Großhirnarealen oder mit anderen Hirnabschnitten bzw. zu Veränderungen an den Rezeptoren für die Neurotransmitter und Ionenkanäle, die für einen exakten und zügigen Handlungsablauf sorgen. Dabei können eventuell Abwandlungen angeborener Verhaltensmuster eine Rolle spielen (bedingte Reflexe). Dieses Lernen nimmt bei Kleinkindern, die ihre Umgebung, die Eltern oder älteren Geschwister imitieren, oft einen breiten Raum ein. Werden solche Verhaltenselemente über Generationen weitergegeben, bezeichnet man das als Traditionen.

Angeborene Verhaltensweisen sind also trainierbar, können wieder erlöschen, machen das Lebewesen unabhängiger, sein Verhalten effizienter und führen nicht selten zu Einsparungen im Energieverbrauch.

1 Bestimmen Sie mithilfe der Ihnen zur Verfügung stehenden Literatur zwei der vorliegenden drei Pflanzen. Bei Kenntnis der Pflanzenfamilie können Sie bei dieser mit der Bestimmung beginnen.

Notieren Sie den Bestimmungsweg (mit mindestens jeweils acht Entscheidungen), die Literaturangabe zum Bestimmungsbuch, die Seitenangabe der Tabellen und die Angabe der Ziffern der Fragenpaare, für die Sie sich entschieden haben. Geben Sei den deutschen und den wissenschaftlichen Artnamen sowie die Pflanzenfamilie für jede Pflanze an.

Ermitteln Sie weiterhin für eine der von Ihnen bestimmten Pflanzen Lebensdauer, Blütezeit und Verbreitung. (11 BE)

2 Zur Bestimmung von Samenpflanzen werden meist deren Blüten benötigt. Beschreiben Sie die Abhängigkeit der Blütenbildung bei den Langtagpflanzen vom Faktor Licht.

Begründen Sie, warum einheimischer Weizen (Langtagpflanze) nicht für den Anbau in Äquatornähe in Frage kommt. (4 BE)

(15 BE)

Lösungen

1 Mithilfe der wissenschaftlichen Bestimmungsliteratur sind die beiden Pflanzen zu bestimmen. Dabei müssen die Bestimmungsschritte mit Seite und Entscheidungsnummer, der wissenschaftliche und deutsche Artname richtig protokolliert werden.
Für eine der beiden Pflanzen sind aus dem Text des Bestimmungsbuches zusätzlich Angaben zur Lebensdauer, Blütezeit und Verbreitung zu entnehmen.

z. B.: Rothmaler; Exkursionsflora von Deutschland; Band 2; 1990

Lippenblütengewächse: S. 416
1*→ 3, 3*→ 4, 4*→7, 7*→ 11, 11*→ 13, 13*→14, 14

Hohlzahn: S. 422
1*→ 4, 4*→ 5, 5

Deutscher Artname: Weichhaariger Hohlzahn
Wissenschaftlicher Artname: *Galeopsis pubescens* BESSER
Pflanzenfamilie: Lippenblütengewächse

Lebensdauer: einjährige Sommerpflanze
Blütezeit: 7–9, also Juli bis September
Verbreitung: verbreitet im Süden und Osten Deutschlands, selten als Neophyt im Norden

2 Bei vielen Pflanzenarten ist die Blütenbildung abhängig von der Länge des täglichen Lichteinfalls in bestimmten sensiblen Entwicklungsphasen. Bei diesem Fotoperiodismus unterscheidet man Kurztag- und Langtagpflanzen.
Jede Pflanzenart verfügt über die Möglichkeit eines Zeitvergleichs zwischen der genetisch bedingten kritischen Tageslänge und der Länge des täglichen Lichtgenusses.
Bei einem Lichteinfall von bis zu sieben Stunden pro Tag, also unter ihrer kritischen Tageslänge, beginnen die Kurztagpflanzen (z. B. Hirse, Reis, Baumwolle) zu blühen. Langtagpflanzen (z. B. Gerste, Hafer, Roggen, Weizen) entfalten die Blüten erst, wenn die spezifische kritische Tageslänge täglich überschritten wird.
Tagneutrale Pflanzen (z. B. Gänseblümchen, Mais) dagegen bilden Blüten unabhängig von der Tageslänge.

Weizen zählt zu den Langtagpflanzen und blüht in unserer Region im Juni bis Juli, das heißt bei Tageslängen von 15 bis 16 Stunden. Da in Äquatorialgebieten die Belichtungsdauer aber nur bei ca. 12 Stunden liegt, könnten Weizenpflanzen vielleicht wachsen, wenn die anderen Umweltfaktoren stimmen würden. Es käme aber durch das Unterschreiten der kritischen Tageslänge nicht zur Ausbildung der Blüten und dem zu Folge nicht zur Entwicklung der Getreideähren.

1 Fertigen Sie ein Abzugspräparat der unteren Epidermis des vorliegenden Laubblattes an und mikroskopieren Sie es.   (2 BE)

2 Zeichnen Sie daraus einen typischen Epidermisausschnitt.
   Beschriften Sie die Zeichnung.
   Nach der Fertigstellung der Zeichnung ist das Präparat unter dem Mikroskop
   dem Aufsicht führenden Fachlehrer vorzuweisen.   (4 BE)

3 Nennen Sie die Bedeutung der Spaltöffnung für eine Pflanze und erklären Sie
   deren Funktionsweise.   (6 BE)

4 Werten Sie die Tabelle aus und begründen Sie die Zusammenhänge.

Art	Anzahl der Spaltöffnungen (pro mm^2 untere Epidermis)	Ökologischer Typ
Gemeine Berberitze	229	Xerophyt
Wald-Bingelkraut	65	Hygrophyt
Busch-Windröschen	67	Hygrophyt
Ölbaum	545	Xerophyt
Pfirsich	225	Xerophyt
Wald-Sauerklee	35	Hygrophyt
Sonnenblume	325	Xerophyt
Zypressen-Wolfsmilch	259	Xerophyt

Abb. 3: Anzahl der Spaltöffnungen bei verschiedenen Arten

                                                                           (3 BE)
                                                                          (15 BE)

Lösungen

2

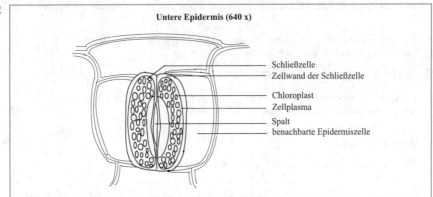

Untere Epidermis (640 x)

Schließzelle
Zellwand der Schließzelle

Chloroplast
Zellplasma

Spalt
benachbarte Epidermiszelle

3 Schließzellen, die sich in größerer Zahl in der Epidermis der Blattunterseite befinden, haben in erster Linie die Aufgabe, über den Spalt in ihrer Mitte die Wasserdampfabgabe (Verdunstung) und den Austausch von anderen Gasen, wie Kohlenstoffdioxid und Sauerstoff, zu regulieren. Diese Abgabe und Aufnahme verschiedener Gase funktioniert nur bei geöffnetem Spalt.

Durch Fotosynthese in den Choroplasten der Schließzellen entsteht bei Lichteinfall Glucose und daraus kann mittels Zellatmung ATP gewonnen werden. Unter Verbrauch von ATP wird ein aktiver Transport von Kalium-Ionen in die Schließzellen realisiert. Dadurch erhöht sich die Ionenkonzentration im Zellinneren und bewirkt ein osmotisches Wassereinströmen aus den Nachbarzellen, was zur Zellverdickung der Schließzellen führt. Da die Zellwände zum Spalt hin dicker sind als zu den Nachbarzellen, verdicken sich die Schließzellen stärker zu den benachbarten Zellen und der Spalt öffnet sich.

Bei Lichtmangel hört die Fotosynthese auf, nach ATP-Mangel sinkt die Kalium-Ionenkonzentration, den Schließzellen wird aus der Umgebung Wasser entzogen und der Spalt schließt sich.

Bei Trockenheit verlieren die Schließzellen Wasser, der Spalt schließt sich und die Pflanze wird vor übermäßiger Verdunstung geschützt. Bei Kohlenstoffdioxidmangel kommt es auch zum Öffnen des Spaltes, und dadurch wird der Mangel ausgeglichen.

4 In der Tabelle sind die Anzahl der Spaltöffnungen pro mm^2 der unteren Epidermis sowie der ökologische Typ einiger Pflanzenarten dargestellt. Xerophyten, also Trockenpflanzen, haben eine hohe Zahl von Spaltöffnungen und Hygrophyten, also Feuchtpflanzen, eine kleinere Zahl von Spaltöffnungen in der unteren Epidermis.

Bei den Xerophyten sind die Spaltöffnungen nur für kurze Zeit (z. B. nach Niederschlägen oder in den Morgenstunden) geöffnet, bis sie durch hohe Verdunstung wieder geschlossen werden. Je mehr geöffnete Spaltöffnungen ein Blatt hat, desto mehr Gase kann die Pflanze in diesen Zeiten austauschen. So wird auch im geschlossenen Zustand die Fotosynthese weiter betrieben.

Hygrophyten steht Wasser in großen Mengen zur Verfügung, sodass die Spaltöffnungen während des Tages dauerhaft geöffnet sein können. So genügt ihre geringere Zahl, um den erforderlichen Gasaustausch für die Fotosynthese durchzuführen.

Die ökologischen Folgen der intensiven Landwirtschaft in Deutschland sind beträchtlich. Durch den Eintrag von Nitriten, Nitraten und Pestiziden in den Boden verschwand die Ackerbegleitflora und -fauna (s. Abb. 1), nahm die Zahl der Nützlinge ab und wurde das Grund- und Trinkwasser stark belastet. Die Flurbereinigungsmaßnahmen in den siebziger Jahren haben dazu geführt, dass Sonderstandorte wie Feldhecken, Moore, Feuchtwiesen, Auwälder und mäandrierende Bachläufe stark reduziert wurden. Veränderungen von abiotischen Faktoren der Feldfluren waren die Folge (s. Abb. 2).

Mit dem Ziel der Rücknahme des Pestizid- und Düngemittelverbrauchs wurden der ökologische Landbau und der integrierte Pflanzenschutz in die landwirtschaftliche Betriebsweise eingeführt. Im Rahmen dessen züchtet man heute für die biologische Bekämpfung von Blattläusen massenhaft ihre natürlichen Feinde, die Florfliegen.

Jedes Blattlausweibchen bringt 20 bis 50 lebende Junge zur Welt. Bei einer Temperatur von 20 °C wachsen vom Frühjahr bis zum Herbst insgesamt 13 bis 16 Generationen heran.

Die erwachsenen, 2 cm großen Florfliegen besitzen einen ovalen Körper, reich geäderte Flügel und große Facettenaugen. Die dämmerungsaktiven Tiere fressen Pollen und Honigtau. Die Weibchen leben etwa einen Monat. Während dieser Zeit legen sie pro Tag etwa 10 bis 30 befruchtete Eier in der Nähe von Blattlauskolonien ab. Die aus den Eiern schlüpfenden Larven ernähren sich größtenteils von Blattläusen, aber auch von Eiern und Larven anderer Insekten. Etwa 200 bis 500 Blattläuse vertilgt eine Larve während ihrer Jugendzeit. Sie werden daher auch als „Blattlauslöwen" bezeichnet. Pro Jahr treten 2 bis 3 Florfliegengenerationen auf.

Für den Einsatz in der Landwirtschaft werden die Eier der Florfliege mit einem pulverförmigen Trägermittel auf den Feldern verteilt.

Anzahl der betroffenen Arten	Verursacher des Artenrückgangs
210	Beseitigung von Sonderstandorten
173	Entwässerung
155	Bodenauffüllung, Überbauung
99	Mechanische Einwirkung wie Tritt
89	Herbizidanwendung
56	Gewässereutrophierung
31	Gewässerverunreinigung
20	Verstädterung von Dörfern

Abb. 1: Ursachen des Artenrückgangs, geordnet nach der Anzahl der betroffenen Pflanzenarten der Roten Liste (Mehrfachnennungen möglich)

1 Erläutern Sie zwei der in Abbildung 1 genannten Maßnahmen der Agrarwirtschaft als Ursachen für einen Artenrückgang. (2 BE)

2 Interpretieren Sie die Abbildung zur Veränderung von abiotischen Faktoren in der Nähe einer Feldgehölzhecke (Abb. 2).
Erläutern Sie die Bedeutung der Vernichtung von Feldhecken für eine Kulturpflanze und für den Rückgang einer Tierart. (4 BE)

3 Stellen Sie die Vermehrungsfähigkeit von Blattläusen und Florfliegen in einer Tabelle gegenüber und ziehen Sie Schlussfolgerungen hinsichtlich des Populationswachstums. (4 BE)

4 Erstellen Sie ein Diagramm zur Entwicklung von Blattlaus- und Florfliegenpopulationen nach dem Beginn der biologischen Schädlingsbekämpfung.
Erklären Sie die zugrunde liegenden Gesetzmäßigkeiten. (5 BE)

5 Nennen Sie je zwei Vor- und Nachteile des Einsatzes von Florfliegen zur biologischen Schädlingsbekämpfung.
Beschreiben Sie je zwei weitere Methoden des integrierten Pflanzenschutzes. (4 BE)

6 Stellen Sie Fotosynthese- und Atmungsprozesse einer Pflanze in einer Tabelle hinsichtlich Reaktionsort, Ausgangsstoffe, Reaktionsprodukte, Energieumwandlung und wesentlicher Reaktionsschritte gegenüber. (6 BE)
(25 BE)

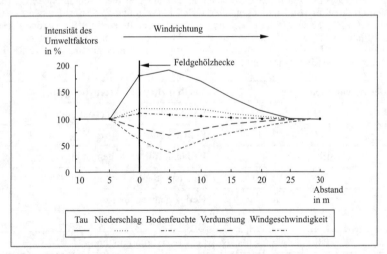

Abb. 2: Veränderungen der abiotischen Faktoren in der Nähe einer Feldgehölzhecke

Lösungen

1 Verschiedene Maßnahmen in der Agrarwirtschaft sind als Ursache für den Artenrückgang mit verantwortlich. Die **Beseitigung von Sonderstandorten**, z. B. das Entfernen von Feldgehölzen, führt dazu, dass das ökologische Gleichgewicht gestört wird und zieht ein Artensterben nach sich. Pflanzen der Strauchschicht werden stark dezimiert. Unterschlupf- und Nistmöglichkeiten für Vögel gehen verloren und Tierarten verschwinden aus dem betreffenden Gebiet. Durch Anwenden von **Herbiziden** gehen Arten zurück, die als Unkräuter vernichtet werden. **Entwässerung von Feldern** führt dazu, dass Feuchte liebende Arten, die gegenüber dem Umweltfaktor Wasser einen engen Toleranzbereich haben, also stenök sind, aussterben.

2 Aus Abbildung 2 ist die **Veränderung der abiotischen Faktoren** in der Nähe einer Feldgehölzhecke dargestellt. Man liest ab, dass die Windgeschwindigkeit durch die Hecke deutlich reduziert wird. Durch Taubildung herrscht 5 m hinter der Hecke eine hohe Luftfeuchtigkeit. Niederschlag und Bodenfeuchte sind leicht erhöht. Die Verdunstung wird auf die Hälfte herabgesetzt.
Als im Zuge der Intensivierung der Landwirtschaft sehr große Feldflächen angelegt wurden, mussten viele Hecken weichen. Beim **Getreideanbau** macht sich die ungebremste Windwirkung bemerkbar, das Getreide legt sich um, die Reifung wird verzögert oder verhindert. Es treten Ernteverluste ein. Durch Erosion wird wertvoller Humusboden abgetragen.
Hecken bieten z. B. Eichelhähern, Grasmücken oder Drosseln Nahrung und Brutplätze. Fehlen die Feldgehölze, ziehen sich die **Tiere** zunächst in andere Gebiete zurück. Das Gleichgewicht im Ökosystem wird gestört. Einige Insektenarten vermehren sich so stark, dass sie als Schädlinge auftreten. Ihre Bekämpfung hat wiederum einen Artenrückgang zur Folge.

3 Betrachtet man die Anzahl der Nachkommen pro Weibchen und die Anzahl der Generationen in einem Jahr, so ergibt sich folgendes:

Tierart	Anzahl der Nachkommen pro Weibchen	Anzahl der Generationen pro Jahr
Blattläuse	20 bis 50	13 bis 16
Florfliegen	300 bis 900 Eier	2 bis 3

Blattläuse bringen zwar weniger Nachkommen hervor, aber die Entwicklungsdauer ist vier- bis fünfmal so schnell, sodass die Blattlauspopulation ohne natürliche Feinde wesentlich schneller wächst.

4 Die Grafik zeigt die
  Veränderungen im
  Räuber-Beute-System
  Blattlaus – Florfliege.

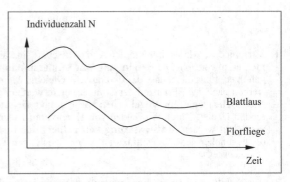

LOTKA und VOLTERRA versuchten ein Räuber-Beute-System mathematisch zu erfassen und leiteten daraus Regeln ab.
LOTKA-VOLTERRA-Regel 1: Feind und Beute schwanken periodisch; dabei sind die jeweiligen Maxima phasenweise verschoben.
LOTKA-VOLTERRA-Regel 2: Trotz Schwankungen bleiben die Durchschnittsgrößen von Räuber- und Beutepopulationen bei unveränderten Bedingungen über längere Zeiträume konstant.

5 Diese Methode der biologische Schädlingsbekämpfung ist eine bewährte Alternative zu chemischen Verfahren. Es muss jedoch gesichert sein, dass der eingeführte Räuber nicht auf andere Arten übergreift oder sich selbst so stark vermehrt, dass er zum Schädling wird. Es ist **vorteilhaft**, dass sich Florfliegen unkompliziert vermehren und kostengünstig zu beschaffen sind. Der Einsatz von Pestiziden kann unterbleiben, negative Auswirkungen auf Boden, Grundwasser und andere Populationen fallen weg. Als **nachteilig** erweist sich, dass Florfliegen auch andere Eier und Larven fressen. Außerdem könnte durch die wesentlich langsamere Entwicklung der Florfliegen deren Populationswachstum nicht ausreichen, alle Blattläuse zu vernichten. Die Blattlauspopulation könnte sich wieder erholen und erneut zum Schädling werden.
Weitere Methoden des **integrierten Pflanzenschutzes** müssen angewendet werden. Dies geschieht mit dem Ziel so wenig wie möglich Pestizide einzusetzen. Der deutsche Hormonforscher ADOLF BUTENANDT führte die Verwendung von Sexuallockstoffen, den Pheromonen, ein. Der Borkenkäfer lässt sich mit Pheromonen massenhaft fangen. Auch gentechnische Maßnahmen sind denkbar. Viele Wildpflanzen besitzen Endotoxine, die sie für Pflanzenfresser ungenießbar machen. Das Gen für das Protein Endotoxin isoliert man aus Wildpflanzen und überträgt es gentechnisch auf Kulturpflanzen. Diese bilden das artfremde Endotoxin und sind vor Fressfeinden geschützt.

6

Merkmal	Fotosyntheseprozess	Atmungsprozess
Reaktionsort	Chloroplasten	Zytoplasma Mitochondrien
Ausgangsstoffe	Kohlenstoffdioxid Wasser	Glukose Sauerstoff Wasser
Reaktions- produkte	Glukose Sauerstoff Wasser	Kohlenstoffdioxid Wasser
Energie- umwandlung	Lichtenergie über Energie der angeregten Elektronen zu ATP- Energie (chemische Energie)	Chemische Energie in ATP- Energie (chemische Energie)
Wesentliche Reaktionsschritte	Fotolyse des Wassers Fotophosphorylierung CALVIN-BENSON-Zyklus	Glykolyse Oxidative Decarboxylierung Citronensäurezyklus Endoxidation

Afrikanische Elefanten leben in Mutterfamilien von fünf bis zehn Tieren, die allesamt weibliche Verwandte des ältesten und damit ranghöchsten Weibchens sowie deren Jungtiere sind. Die erfahrene Leitkuh führt die Gruppe zur Nahrung, zu den in der Trockenzeit oft weit entfernten Tränken, Suhlen oder Ruheplätzen und weicht dabei Feinden aus. Innerhalb der Gruppe helfen sich die Tiere im Rahmen eines komplexen Sozialverhaltens wechselseitig z. B. bei der Jungenaufzucht und -verteidigung. Jungbullen verlassen die Gruppe (dadurch wird Inzucht vermieden), leben für einige Zeit in Junggesellenverbänden und werden in höherem Alter zu Einzelgängern. Diese gesellen sich in der Regenzeit zur Fortpflanzung zu den durch Zusammenschluss vieler Mutterfamilien entstehenden Herden.

Stoßzähne nutzen Tiere beiderlei Geschlechts u. a. als Imponierwaffen und zum Entrinden von Bäumen. Bei afrikanischen Elefanten stellte man in den letzten Jahren eine auffällige Veränderung fest. Durch Mutation bedingt, wurden immer wieder einmal Tiere ohne Stoßzähne geboren, ihr Anteil betrug bisher ca. 1 %. Inzwischen stieg er auf ca. 13 %. Diese Zunahme ist auch auf Wilderei zurück zu führen, die wegen des Elfenbeins betrieben wird. Solche Veränderungen lassen sich mithilfe der synthetischen Evolutionstheorie deuten, die auf den von DARWIN postulierten Erkenntnissen aufbaut.

Der Paläontologe GOULD erweitert diese Vorstellungen, indem er von langen Zeiträumen ausgeht, in denen sich die Lebewesen in einem Zustand relativer Konstanz befinden. Diese werden dann von Phasen abgelöst, in denen es zu sprunghaften Veränderungen von Merkmalen des Lebewesen kommt (z. B. nach einem Meteoriteneinschlag).

Zu einer biochemischen Erklärung dieser Evolutionssprünge könnte die Entdeckung des Proteins HSP90 führen, das in die Regulation der Genaktivität eingreift. Dieses Protein kommt in allen Zellen höherer Lebewesen vor.

Im Labor fand man Taufliegen *(Drosophila)*, deren HSP90-Gen durch Mutation defekt war. Homozygote Mutanten starben bereits im Embryonalstadium, während heterozygote Individuen lebens- und fortpflanzungsfähig waren. Sie wiesen aber ungewöhnlich viele Missbildungen im Körperbau auf. Diese Missbildungen ließen sich auch an homozygoten, nicht mutierten Tieren durch Fütterung mit einem Hemmstoff für HSP90 bzw. durch Kälte oder Hitze erzielen. Eine mögliche Schlussfolgerung dieser Experimente ist, dass die beobachteten Missbildungen schon als „stumme" Mutationen in den Erbanlagen der gesunden Vorfahren vorhanden sind und deren Realisierung durch HSP90 unterdrückt wird. Erst wenn die Bildung von HSP90 durch Mutationen, Hemmstoffe oder Umweltstress verringert wird, treten die über Generationen angesammelten Mutationen in Erscheinung.

1 Beschreiben Sie die Formen und nennen Sie drei Vorteile des Zusammenlebens der Elefanten. (4 BE)

2 Erläutern Sie zwei Möglichkeiten für das Zustandekommen von Genmutationen unter Verwendung geeigneter Symbolik. (4 BE)

3 Stellen Sie die Kreuzung von Taufliegen, deren HSP90-Gen durch Mutation in einem der zwei Chromosomensätze defekt ist, schematisch dar, und werten Sie die Ergebnisse aus. (4 BE)

4 Geben Sie je zwei mögliche Erklärungen zur Entstehung des ursprünglichen Anteils von Elefanten ohne Stoßzähne sowie zur Veränderung dieses Anteils. (4 BE)

5 Wenden Sie die Versuchsergebnisse mit HSP90 auf die GOULD'sche Evolutionstheorie an. (4 BE)

(20 BE)

Lösungen

1 Elefanten leben in **individualisierten Tierverbänden** zusammen. Für die Rangordnung spielen bei ihnen Alter und Erfahrung eine Rolle. Aus dem Text geht hervor, dass es **Mutterfamilien** mit 5 bis 10 Tieren gibt, die weibliche Verwandte der ranghöchsten Kuh mit ihren Jungen sind. Die Leitkuh als erfahrenstes Tier führt die Gruppe zur Nahrung und zu Tränken und Ruheplätzen. Es gibt **Jungbullenherden**, aus denen sich nur zur Fortpflanzungszeit die männlichen Tiere den Mutterherden zu gesellen. Während dieser Phase schließen sich viele Mutterfamilien zu großen **Herden** zusammen. Ältere Männchen leben als **Einzelgänger**.
Soziale Strukturen bringen Vorteile, aber auch Nachteile mit sich. In der Regel überwiegen die **Vorteile.**
Die kleineren Mutterfamilien und Jungbullengruppen finden in der Trockenzeit schneller und leichter Nahrung und Wasser, es reicht für alle. Sie sichern durch die kleinen Verbände ein Überleben.
Durch das Rangordnungsverhalten nutzen alle Tiere die Erfahrung der Leitkuh und profitieren bei der Nahrungssuche und beim Schutz vor Feinden. Das Zusammenleben mindert den Stress des Einzelnen.
Der Zusammenschluss zu großen Herden während der Regenzeit, wo genügend Nahrung zur Verfügung steht, sichert die Fitness der Population und begünstigt deren Variabilität.

2 Bei einer **Gen- oder Punktmutation** finden chemische Veränderungen der DNA statt. Es handelt sich um vererbbare Änderungen der Basensequenz. Dies kann ein Basenaustausch sein oder der Verlust einer Base. Es entsteht ein neues Triplett-Raster und über die mRNA eine fehlerhafte Information für die Proteinsynthese.

z. B.　Verlust einer Base　　　AGC **TGC** A　→　　AGC GCA

　　　Austausch einer Base　　AGC **TGC** A　→　　AGC GTC A

3 Legende:　normales HSP90-Gen = A
　　　　　　mutiertes HSP90-Gen = A*

Aus dieser Festlegung ergibt sich folgendes Kreuzungsschema:
Parentalgeneration:　AA*　　x　　AA*
Keimzellen:　　　　　A*　　oder　A
F_1-Generation:

Keimzellen	A	A*
A	AA	AA*
A*	AA*	A*A*

Aus der Übersicht ergibt sich folgender Sachverhalt:
Mit 25 %iger Wahrscheinlichkeit haben die Nachkommen die Genkombination AA, HSP-90 wird in genügender Menge hergestellt. Die Wahrscheinlichkeit für die Genkombination A*A* liegt ebenfalls bei 25 %, diese homozygoten Mutanten sterben bereits im Embryonalstadium. Bei 50 % der Nachkommen ist die Anlage heterozygot vorhanden, es tritt ein Mangel des Proteins HSP90 auf und viele Missbildungen im Körperbau sind die Folge.

4 Stoßzähne sind als Imponierwaffen und zum Entrinden von Bäumen wichtig.
Durch Mutationen traten bei 1 % der Tiere Veränderungen auf, die ein Gen für die Anlage
der Stoßzähne betrafen. Diese Tiere wurden ohne Stoßzähne geboren. Da Stoßzähne Imponierwaffen sind, wirkte das Prinzip der natürlichen Selektion, Tiere, die Stoßzähne trugen,
waren bei der Fortpflanzung begünstigt. Auch durch Rekombination wurde die Stoßzahn-
losigkeit in der Population nicht weitergegeben.
(Die) Wilderer erlegten jedoch bevorzugt Tiere mit großen Stoßzähnen. Der Mensch wirkt
als negativer Selektionsfaktor. Tiere, die keine Stoßzähne besitzen, können in der Herde alt
werden. Durch Erfahrung und Alter erreichen sie eine hohe Position in der Rangordnung
und können dadurch ihre Gene in die Folgegeneration einbringen. Der Anteil der Tiere ohne Stoßzähne steigt daher auf etwa 13 % an.

5 Der **Paläontologe** GOULD geht in seiner Evolutionstheorie davon aus, dass es für Lebewesen lange Zeiträume relativer Konstanz gibt, die von Phasen abgelöst werden in denen
es, bedingt durch äußere Faktoren, zu einer sprunghaften Veränderung von Merkmalen
kommt.
Das Protein HSP90 greift in die Regulation der Genaktivität ein. Wird HSP90 z. B. durch
einen Gendefekt nicht gebildet, treten bei Taufliegen schon im Embryonalstadium Missbildungen und tote Tiere auf. Es liegt die Vermutung nahe, dass das Enzym HSP90 die
Aktivität eines bestimmten mutierten Gens bei der Taufliege unterdrückt, also verantwortlich für die relative Konstanz der Merkmale ist. Wenn durch veränderte Umweltbedingungen, z. B. Umweltstress, HSP90 nicht ausreichend gebildet wird, treten unterdrückte Mutationen im Phänotyp in Erscheinung. Nach diesem Prinzip lassen sich Veränderungen der
Umweltfaktoren als Ursache für Selektion und damit für Evolution erklären.

1 Fertigen Sie nach folgender Vorschrift ein Frischpräparat von Ihren Mund-
   schleimhautzellen an und mikroskopieren Sie dieses:
   a) Abschaben von Gewebe der Mundschleimhaut an der Innenseite der Wange
      mit einem Holzspatel, Streichholz bzw. Löffelstiel
   b) Gewebe in einen Wassertropfen auf den Objektträger geben
   c) Deckglas auflegen
   d) Gestellten Farbstoff unter dem Deckglas hindurchziehen   (2 BE)

2 Zeichnen Sie aus Ihrem Präparat drei Zellen und beschriften Sie diese.
   Nach der Fertigstellung der Zeichnung ist das Präparat unter dem Mikroskop
   dem Aufsicht führenden Fachlehrer vorzuweisen.   (4 BE)

3 Mikroskopieren Sie das vorliegende Dauerpräparat.
   Skizzieren und benennen Sie daraus zwei unterschiedliche Stadien des Zellzyklus.   (4 BE)

4 Nennen Sie drei Funktionen des Zellkerns.   (3 BE)

5 Beschreiben Sie die beiden Zustandsformen der genetischen Information während des Zellzyklus und nennen Sie deren Bedeutung.   (2 BE)
                                                                         (15 BE)

Lösungen

1   Ein Frischpräparat von der Mundschleimhaut ist anzufertigen, zu färben (z. B. mit Methylenblau) und unter dem Mikroskop zu beobachten. Drei Zellen sind zu zeichnen.

2

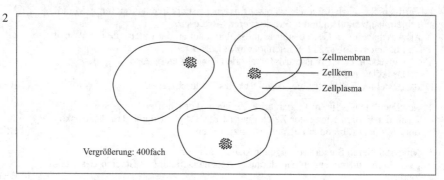

Abb.: Zellen aus der Mundschleimhaut.

3   Unter dem Mikroskop ist ein Dauerpräparat zu beobachten. Ein Stadium der Zellkernteilung wird benannt und gezeichnet. Es sollten folgende Sachverhalte erkennbar sein, z. B.:
   – Prophase: Chromosomen sind sichtbar
   – Metaphase: Anordnen der Chromosomen in der Äquatorialebene
   – Anaphase: Auseinanderweichen der Chromatiden zu den Polen
   – Telophase: zwei Zellkerne sind sichtbar

4   Funktionen des Zellkerns sind:
   – Er ist Träger der genetischen Information in Form von DNA.
   – Er dient der Weitergabe der Erbinformation bei der Kernteilung, es findet eine Replikation statt.
   – Er steuert die Stoffwechselvorgänge in der Zelle, da vom Zellkern die Proteinsynthese über Transkription realisiert wird.

5   Die genetische Information liegt als Chromatin oder als Chromosomen vor. In der Interphase ist die Erbinformation ein Netz dünner entspiralisierter Fäden. Diese gut anfärbbaren Chromatinfäden stellen die Funktionsform dar. Während der Mitose werden die Fäden durch Kondensation zur Transportform. Im Zwei-Chromatid-Chromosomen-Stadium der Metaphase ist die stärkste Verkürzung erreicht.

1 Versetzen Sie in zwei Reagenzgläsern A und B jeweils 5 ml Milch (3,5 % Fett-
  gehalt) mit je fünf Tropfen des Indikators Phenolphtalein. Geben Sie anschlie-
  ßend den Gläsern folgende Substanz zu:
  Reagenzglas A: fünf Tropfen Natronlauge (1 mol/l)
  Reagenzglas B: fünf Tropfen Natronlauge (1 mol/l) sowie ein vom Lehrer zur
  Verfügung gestelltes Enzympräparat

  Verschließen und schütteln Sie beide Gefäße und geben Sie diese für etwa
  zehn Minuten in ein ca. 35 °C warmes Wasserbad.
  Beobachten Sie alle im Verlauf des Experimentes in den beiden Reagenzgläsern
  auftretenden Veränderungen und protokollieren Sie diese.
  Erklären Sie Ihre Beobachtungen.   (9 BE)

2 Nennen Sie ein Organ des menschlichen Körpers, in dem der vergleichbare
  Vorgang wie in Reagenzglas B abläuft.
  Welche Bedeutung hat dieser Vorgang?   (3 BE)

3 Benennen Sie drei Enzyme des menschlichen Stoffwechsels und geben Sie
  deren Funktion an   (3 BE)
                                                                         (15 BE)

Lösungen

1 Die Experimente werden durchgeführt und die Veränderungen als Kurzprotokoll festgehalten.

Durchführung	Beobachtung
Reagenzglas A – zugeben von Natriumhydroxidlösung zur Milch – versetzen mit Phenolphthalein	rotviolette Farbreaktion
Reagenzglas B – zugeben von Natriumhydroxidlösung – versetzen mit Phenolphthalein – zugeben einer Enzymsuspension	rotviolette Farbreaktion Farbreaktion geht zurück

Auswerten der Beobachtungsergebnisse:
Reagenzglas A: Phenophthalein als Indikator zeigt eine basische Reaktion an.
Reagenzglas B: Es liegt zunächst eine basische Lösung vor. Das Enzym bewirkt die enzymatische Spaltung von Fetten und Proteinen. Es kann Lipasen und Proteasen enthalten haben. Insbesondere die Freisetzung von Fettsäuren führt in der Lösung zu einer Neutralisation ($H_3O^+ + OH^- \longrightarrow 2\ H_2O$). Dadurch ist das Verschwinden der Farbreaktion zu erklären.

2 Im menschlichen Körper läuft die Fettspaltung im Dünndarm ab. Durch Gallensaft werden die Fette emulgiert, dann setzt die Fettverdauung durch Lipasen des Bauchspeichels ein, die hydrolytische Spaltung in Glycerol und Fettsäuren. Es entstehen durch die Darmwand resorbierbare Spaltprodukte.

3 Beispiele für Enzyme, die im Verdauungsprozess wirken:
– Amylasen: Spaltung von Stärke zu Maltosemolekülen
– Lipasen: Spaltung von Fetten in Glycerol und Fettsäuren
– Proteasen: Zerlegen von Proteinen in Aminosäuren

1990 wurde mit der Gründung des Nationalparks Hochharz ein Gebiet mit 6 500 ha unter Schutz gestellt, das auf ca. 1/5 der Fläche bisher wenig vom Menschen beeinflusst wurde. Der 1 142 m hohe Brocken ist seit langem ein beliebtes Ausflugsziel (Abb. 1). Er gilt als der windreichste Berg Deutschlands. Mit einer Jahresmitteltemperatur von 2,8 °C und 100 Tagen Schneebedeckung weist das Hochplateau des Brockens ein Klima auf, welches dem in 2 000 bis 2 500 m Höhe der Alpen entspricht. Im Brockengebiet tritt bereits in etwa 1 000 m Höhe die natürliche Waldgrenze auf.

In Höhenlagen von 800 bis 1 000 m kommen sehr empfindliche und gefährdete Hochmoore vor, deren Alter und Ausdehnung einmalig in Europa sind. Moore entstehen, wenn sich organisches Material unter Wasser, bei Sauerstoffmangel und im sauren Milieu, sehr langsam und nur teilweise abbaut und als Torf anreichert. Das Torfmoos (Sphagnum) mit seinen spezifischen Eigenschaften ist für die Entstehung eines Hochmoores Voraussetzung. Es kann aus dem nährstoffarmen Regenwasser Kationen gegen Wasserstoff-Ionen austauschen. Das säuert das umgebende Wasser an und hemmt die abbauenden Mikroorganismen.

Für diese in den Kernzonen des Nationalparks gelegenen Biotope gilt ein strenges Wegegebot, da durch das Betreten die schwammartigen Torfmoospolster zerstört werden und sauerstoffreiches Wasser in den Untergrund gelangt.

Zeitraum	Ereignisse/Besucherzahlen
1736	Bau einer Schutzhütte, 198 Besucher
1899	Eröffnung der Brockenbahn, 100 000 Besucher
1937	Ausweisung als Naturschutzgebiet
1948–1959	Freie Zugänglichkeit, sogar für Autoverkehr
1959–1989	Sperrgebiet
seit 1989	Freier Zugang, bis zu 20 000 Besucher täglich
seit 1991	Wiederaufnahme des Personenverkehrs der Brockenbahn, täglich 10 Züge mit historischen Dampflokomotiven, bis zu 500 Personen je Zug

Abb. 1: Wesentliche Etappen in der Entwicklung des Brockentourismus

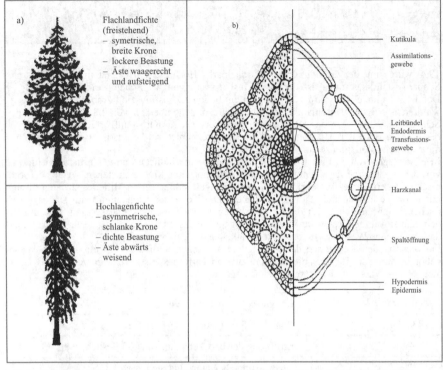

a) Flachlandfichte
(freistehend)
– symetrische,
  breite Krone
– lockere Beastung
– Äste waagerecht
  und aufsteigend

Hochlagenfichte
– asymmetrische,
  schlanke Krone
– dichte Beastung
– Äste abwärts
  weisend

b)
Kutikula
Assimilations-
gewebe
Leitbündel
Endodermis
Transfusions-
gewebe
Harzkanal
Spaltöffnung
Hypodermis
Epidermis

Abb. 2: a) Erscheinungsbilder von Flachland- und Hochlagenfichte, b) Querschnitt eines Fichten-Nadelblattes

1 Begründen Sie zwei Unterschiede im Erscheinungsbild von freistehenden Flach-
   land- und Hochlagenfichten (Abb. 2). (4 BE)

2 Stellen Sie in einer Tabelle **je** vier Gemeinsamkeiten und Unterschiede der Querschnitte eines Fichten-Nadelblattes (Abb. 2) und eines Laubblattes einer mesophyten Pflanze dar.
   Ziehen Sie daraus eine Schlussfolgerung hinsichtlich der Angepasstheit der
   Fichte an ihren Lebensraum. (5 BE)

3 Beschreiben Sie die primären Folgen des Verstoßes gegen das Wegegebot für
   das Hochmoor. (5 BE)

4 Erläutern Sie drei mögliche Auswirkungen des Massentourismus (Abb. 1) im
   Nationalpark Hochharz.
   Leiten Sie daraus drei Maßnahmen ab, die touristisches Naturerleben, aber
   auch gleichzeitig Schutz der Natur ermöglichen. (6 BE)

5 Stellen Sie den ersten Teilprozess des Abbaus von Glukose (Glykolyse) durch
   Mikroorganismen in einem Fließschema (schematische Übersicht) dar. (5 BE)
   (25 BE)

Lösungen

1 Die unterschiedlichen Erscheinungsbilder der Flachland- und Hochlagenfichte lassen sich durch das Einwirken von Umweltfaktoren begründen.
Flachlandfichten haben eine symmetrische Krone, die auf eine gleichmäßige Belichtung und auf die allseitige Einwirkung des Windes zurückzuführen sind. Die waagerecht und aufsteigend angeordneten Äste zeigen eine Lichteinwirkung von allen Seiten.
Hochlagenfichten sind der ungleichmäßigen Wirkung des Windes am Hang ausgesetzt und zeigen im Wachstum eine Windflucht. Die dichte Beastung ist auf ungleiches Wachsen auf der dem Licht zugewandten Seite zurückzuführen. Schnee- und Eislast über einige Wintermonate sind der Grund für herabhängende Äste.

2 In einer Tabelle sind Unterschiede und Gemeinsamkeiten zwischen den Blattquerschnitten zu erfassen:

Blatt	Fichtennadelblatt	Laubblatt einer mesophyten Pflanze
Gemeinsamkeiten	– Kutikula – Epidermis – Leitbündel – Spaltöffnungen – Assimilationsgewebe	
Unterschiede	– Spaltöffnungen eingesenkt – Hypodermis unter der Epidermis – keine Schichtung des Assimilationsgewebes – Endodermis	– Spaltöffnungen an der Oberfläche – keine Hypodermis – Schichtung in Palisaden- und Schwammgewebe – keine Endodermis

Schlussfolgerungen: Beide Blätter stimmen in wesentlichen Baumerkmalen überein, zeigen aber Abweichungen, die auf einen verstärkten Verdunstungsschutz hinwiesen. So sind beim Fichtennadelblatt die Spaltöffnungen eingesenkt und eine Hypodermis ist ausgebildet.

3 Aus der Analyse des Textes geht hervor, dass Moore entstehen, wenn organisches Material unter Wasser und bei Sauerstoffmangel in saurem Milieu teilweise abgebaut wird. Zertreten Besucher die Moospolster, hat dies Auswirkungen auf das Torfmoos selbst und auf die Wasserbeschaffenheit im Untergrund.
Durch die Trittbelastung werden die Wasserspeicherzellen im Torfmoos zerstört, es kann kein Wasser mehr gespeichert werden und die Moospflanzen trocknen aus. Da *Sphagnum* Metallkationen gegen Wasserstoff-Ionen austauschen kann, säuert es das Bodenwasser an und dadurch wird die Entwicklung abbauender Mikroorganismen gehemmt. Fällt diese Wirkung weg, gehen die Abbauprozesse zu schnell voran. Die Torfbildung unterbleibt.
Ebenso schädlich wirkt sich das sauerstoffreiche Wasser, das in den Untergrund eindringt, aus. Es entstehen aerobe Bedingungen und die Mikroorganismen bauen die Moospolster von unten her ab.
Ein absolutes Wegegebot auszusprechen, ist eine wesentliche Schutzmaßnahme für diese einmaligen Hochmoorgebiete.

4 Aus den vielfältigen Auswirkungen des Massentourismus im Nationalpark Hochharz sind drei zu begründen.

Rauchgase der Brockenbahn fördern das Waldsterben. Schwefeldioxid-Emissionen dringen über die Spaltöffnungen in die Blätter ein und greifen die Biomembran und das Leitgewebe an. Stoffwechselvorgänge laufen unzureichend ab und Chlorosen, abgestorbene Zellen und Gewebe sind die Folge.

Lebensräume werden stark beeinträchtigt. Durch Zertreten der Bodendecker wird der Erosion Vorschub geleistet. Lärm besonders in der Brutzeit der Vögel dezimiert den Nachwuchs.

Vom Aussterben **bedrohte Arten** sind bei großen Besucherströmen besonders gefährdet. Sie werden aus Unkenntnis mitgenommen oder zertreten.

Es lassen sich **Maßnahmen zum Schutze** der Ökosysteme ableiten.

Die Zahl der Fahrten mit der Brockenbahn sollte bedarfsgerecht reduziert werden, um die Rauchgasbelastung zu minimieren.

Harzwanderungen müssen auf vorgeschriebenen Wegen erfolgen, dieses Wegenetz ist gut zu kennzeichnen und Zuwiderhandlungen sind zu bestrafen.

Um dem Besucher die unwiederbringlichen Verluste in der Natur zu zeigen, sind Naturschutz-Lehrpfade anzulegen.

5 Über den Ablauf der Glykolyse ist ein Fließschema anzufertigen.

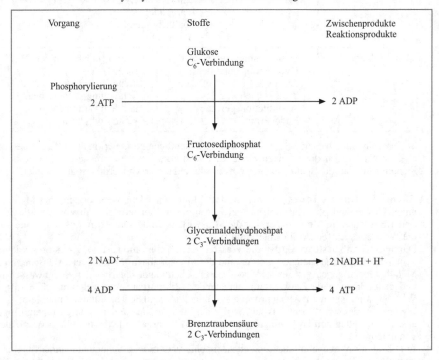

Das fingerdicke Rückenmark innerhalb der Wirbelsäule bildet die wichtigste Verbindung bei der Kommunikation zwischen dem Gehirn und dem übrigen Körper. Viele Reflexe werden von hier gesteuert. Bei Rückenmarksverletzungen verursachen starke äußere Krafteinwirkungen Quetschungen oder Risse der Nervenfasern, aber auch die Zerstörung der Myelin-(Mark-)scheide der Axone. Oft bleiben eine vollständige oder teilweise Lähmung und Gefühllosigkeit zurück, die sich auf alle Körperpartien unterhalb der beschädigten Stelle erstrecken und auch die vegetative Kontrolle von Organen umfassen.

Ziel der Wissenschaftler ist es, die Regeneration der unterbrochenen Axone und der geschädigten Myelinscheide zu fördern. Die Fähigkeit zur Regeneration haben die Nervenzellen des Rückenmarks nicht vollständig verloren. Diese wird lediglich durch Hemmstoffe im Nervengewebe unterbunden. Ein körpereigenes Protein, das Neurotrophin-3 (NT-3), stimuliert beispielsweise das Axonwachstum. Es kommt aber im Rückenmark in zu geringen Konzentrationen vor. In Tierversuchen mit Ratten gelang es, das Axonwachstum und die Regeneration der Myelinscheide durch Erhöhung der NT-3-Konzentration zu fördern. Dazu wurden embryonale Bindegewebszellen (Fibroblasten) gentechnisch so verändert, dass sie NT-3 produzieren. Diese genmanipulierten (transgenen) Fibroblasten verpflanzte man in das durchtrennte Rückenmark. Die Ratten konnten später ihre Hintergliedmaßen teilweise wieder etwas bewegen.

Axondurch-messer in μm	Myelin-scheide	Leitungsgeschwindig-keit in m/s		Nervenfasertyp bzw. Funktion
		bei 20 °C	bei 37 °C	
10−20	dick	20−40	60−120	motorischer Nerv
7−15		15−30	40−90	sensorischer Nerv für Berührung
4−8		8−15	15−30	sens. Nerv der Muskelspindeln
2,5−5		5−9	15−25	sens. Nerv für Wärme bzw. Kälte
1−3	dünn	2−6	3−15	vegetativer Nerv
0,3−1,5	keine	0,3−0,8	0,5−2	vegetativer Nerv

Abb. 3: Erregungsleitungsgeschwindigkeit von Axonen

1 Beschreiben Sie den Prozess der Erregungsleitung an markhaltigen Axonen. (2 BE)

2 Werten Sie Abb. 3 aus.
Stellen Sie einen Zusammenhang zwischen Bau, Leitungsgeschwindigkeit und Funktion eines Nervenfasertyps her. (5 BE)

3 Erläutern Sie den Ablauf eines bedingten Reflexes.
Nennen Sie einen möglichen Vorteil gegenüber einem vergleichbaren unbedingten Reflex. (5 BE)

4 Beschreiben Sie das Prinzip der Erzeugung transgener Zellen.
Begründen Sie, warum dazu embryonale Zellen verwendet werden. (4 BE)

5 Stellen Sie in einer Tabelle die Nervensysteme von Hohltieren und Säugetieren aus evolutiver Sicht entsprechend der angegebenen Aspekte (Typ des Nervensystems, Grundaufbau, Nervenfasertyp, Grad der Zentralisierung) gegenüber. (4 BE)
(20 BE)

Lösungen

1 Bei der **Weiterleitung der Erregung** ändert sich die Spannung an der Axonmembran, es erfolgt eine zeitliche Änderung des Membranpotenzials.
Ein Aktionspotenzial entsteht erst dann, wenn die Depolarisation der Zellmembran den Schwellenwert erreicht. Diese Reaktion erfolgt nach dem *Alles-oder-Nichts-Gesetz.*
Markhaltige Nervenfasern sind von einer isolierenden Myelinscheide umgeben und nur an den Schnürringen befinden sich spannungsabhängige Na$^+$-Kanäle, an denen das Aktionspotenzial gebildet wird. Diese springen also von einem Schnürring zum anderen.

2 In der Übersicht ist die Abhängigkeit der Erregungsleitungsgeschwindigkeit vom Axondurchmesser, von der Dicke der Myelinscheide und von der Temperatur dargestellt. Der Fasertyp bzw. die Funktion der Nervenfasern sind angegeben.
Die Leitungsgeschwindigkeit erhöht sich bei steigendem Axondurchmesser und steigender Temperatur. Sie hängt ab von der Dicke der Myelinscheide. Es ist zu erkennen, dass motorische Nervenfasen einen großen Durchmesser und eine dicke Myelinscheide besitzen. Sie erreichen dadurch eine hohe Leitungsgeschwindigkeit und dienen der Steuerung von Bewegungsvorgängen.
Nervenfasern ohne Myelinscheide haben eine sehr geringe Geschwindigkeit der Erregungsleitung, es sind vegetative Nerven.

3 Der russische Nobelpreisträger Pawlow studierte in Modellversuchen das Auslösen bedingter Reflexe. So ist z. B. die Speichelsekretion eines Hundes auf einen Glockenton hin als erlernter Vorgang zu deuten.
Ein Hund reagiert auf einen **Primärreiz**, das Zeigen von Futter mit der Sekretion von Speichel. Dies ist ein **unbedingter Reflex**, nämlich eine genetisch programmierte Verhaltensweise. Ein neutraler Reiz, das Läuten einer Glocke löst diese Reaktion nicht aus. Ertönt die Glocke kurz vor dem Füttern, genügt nach einigen Versuchen der Glockenton, um den Speichelfluss auszulösen. Es hat sich ein **bedingter Reflex** ausgebildet.
Voraussetzung für den Lernvorgang ist die zeitliche Beziehung zwischen dem ursprünglichen neutralen und dem Primärreiz. Es entsteht eine Assoziation zwischen der afferenten Nervenbahn, die den neutralen Reiz meldet, mit den Bahnen, die den Speichelfluss steuern.
Bedingte Reaktionen gehen wieder verloren, wenn sie nicht wiederholt werden. Sie stellen in jedem Fall eine verbesserte Reaktion auf veränderte Umweltbedingungen dar, da sie schneller zum Erfolg führen und so Energie eingespart wird.

4 Die Erbinformation von Zellen kann durch Einschleusen von Fremd-DNA manipuliert werden. Zunächst isoliert man Zellen, aus deren Zellkernen man ein bestimmtes Gen entnehmen will. Dieses Spendererbmaterial wird z. B. in ein Plasmid eines Bakteriums eingebracht. Diese Plasmidvektoren, das mit einem Marker versehen sind, transformiert man in die zu manipulierenden Zellen. Mithilfe des Markers erfasst man die erfolgreichen Manipulationen und kann die entsprechenden Zellen vermehren.
Unreife embryonale Stammzellen besitzen noch ihre volle Teilungsfähigkeit und können leichter vermehrt werden und in die gewünschten Zellen und Gewebe differenzieren.

5 In einer Tabelle sind die geforderten Sachverhalte gegenüber zustellen.

Merkmal	Hohltiere	Säugetiere
Typ des Nervensystems	Netznervensystem	Zentralnervensystem
Grundaufbau	Nervenzellen, die netz-förmig verbunden sind	Gehirn und Rückenmark, peripheres und vegetatives Nervensystem
Nervenfasertyp	marklos	markhaltig, marklos
Grad der Zentralisierung	gering, kein übergeordnetes Zentrum	sehr hoch. Zentralisierung durch Gehirn und Rückenmark

1 Bestimmen Sie mithilfe der Ihnen zur Verfügung stehenden Literatur zwei der vorliegenden drei Pflanzen. Bei Kenntnis der Pflanzenfamilie können Sie bei dieser mit der Bestimmung beginnen.

Notieren Sie den Bestimmungsweg (mit mindestens sechs Entscheidungen): die Literaturangabe zum Bestimmungsbuch, die Seitenangaben der Tabellen und die Angabe der Ziffern der Fragenpaare, für die Sie sich entschieden haben. Geben Sie den deutschen und den wissenschaftlichen Artnamen sowie die Pflanzenfamilie für jede Pflanze an.

Ermitteln Sie weiterhin für eine der von Ihnen bestimmten Pflanzen Lebensdauer, Biotope und Häufigkeit in Deutschland. (11 BE)

2 Seit dem Ende des 19. Jahrhunderts wurde in Sachsen von Botanikern der Rückgang einheimischer Orchideen registriert.

Infolgedessen wurden einige bedeutende Vorkommen unter Schutz gestellt.

Interpretieren Sie die nachfolgenden hypothetischen Diagramme für eine bedrohte Orchideenart. Beachten Sie dabei die Folgen für die Variabilität der Art.

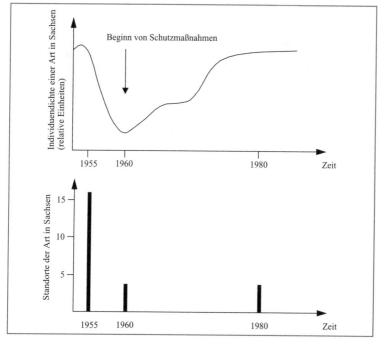

Abb. 4: Individuendichte und Standorte einer hypothetischen Orchideenart in Sachsen (4 BE)
(15 BE)

Lösungen

1 Bestimmt wurde mit Exkursionsflora von Deutschland (Rothmaler), Band 2, VuWV, Berlin 1990.

Bei der Pflanze Nr. 1 wird erkannt, dass es sich im ein Lippenblütengewächs handelt.
Lippenblütengewächse – *Lamiaceae* → S. 416
1* → 3*→ 4* → 7* → 8* → 11* → 14* → 15* → 16* → 19* → 26* → 28* → 29
Deutscher Artname: Goldnessel
Wissenschaftlicher Artname: *Galeobdolum luteum HUDS.*
Pflanzenfamilie: Lippenblütengewächse
Lebensdauer: ausdauernde Staude
Biotop: krautreiche Laubmischwälder, Säume, Hochstaudengebüsche
Vorkommen in Deutschland: in Deutschland verbreitet, in den Alpen fehlend

Bei Pflanze Nummer 2 wird ein Rosengewächs erkannt.
Rosengewächse – *Rosaceae* → S. 257
1* → 2*→ 5* → 14* → 17* → 18 → 19
Quitte – *Cydonia* → S. 280
Deutscher Artname: Echte Quitte
Wissenschaftlicher Artname: *Cydonia oblonga MILL.*
Pflanzenfamilie: Rosengewächse

2 Im ersten Diagramm wird die Individuendichte einer Orchideenart, im zweiten die Zahl der Standorte in den Jahren 1955 bis 1980 dargestellt.
Es ist zu sehen, dass bis 1960 sowohl die Individuendichte, als auch die Zahl der Standorte drastisch zurück geht. Mit Einsetzen der Schutzmaßnahmen steigt die Individuendichte bis 1980 wieder auf dne Wert von 1955. Die Zahl der Standorte bleibt aber bei 5.
Das bedeutet, dass durch die Schutzmaßnahmen die Individuen an ihren Standorten günstig beeinflusst werden konnten. Standorte konnten dadurch aber kaum hinzugewonnen werden.
Dadurch ist auch die genetische Vielfalt (Variabilität) geringer geworden und man muss von Inzestproblemen, wie gehäuften Mutationen, ausgehen.
Es wäre also sinnvoll, auch für die Herausbildung neuer Standorte zu sorgen und so die genetische Variabilität wieder zu erhöhen.

Eine ausgewogene, gesunde Ernährung ist eine Voraussetzung für die volle Leistungsfähigkeit des Menschen. Bezogen auf die Energiewerte in Kilojoule sollen durchschnittlich etwa 15 % Proteine, 50 % Kohlenhydrate und ca. 35 % Fette enthalten sein. Die notwendige Gesamtenergiemenge pro Tag ist dabei auch von der ausgeübten körperlichen Tätigkeit abhängig. Für 15- bis 18-jährige Jugendliche mit leichter körperlicher Tätigkeit sind zum Beispiel folgende Werte anzustreben:
weiblich: 10 500 KJ/d; männlich: 13 000 KJ/d.

1 Untersuchen Sie die Ihnen zur Verfügung gestellten Nahrungsmittelproben qualitativ auf Eiweiße und reduzierende Zucker. Überprüfen Sie anschließend mit Teststreifen das Vorhandensein von Glukose.
Protokollieren Sie Ihre Ergebnisse.
Die erforderlichen Materialien, Geräte und Chemikalien für die Nachweise von Eiweißen und Zuckern sind auf einem gesonderten Blatt schriftlich beim Aufsicht führenden Fachlehrer anzufordern.
Die Qualität des experimentellen Arbeitens wird mitbewertet. (5 BE)

2 Nennen Sie die stofflichen Bestandteile einer ausgewogenen gesunden Nahrung.
Ordnen Sie den Bestandteilen ihre stoffwechselphysiologische Bedeutung zu. (3 BE)

3 Eine 18-jährige Schülerin mit leichter körperlicher Tätigkeit nimmt an einem Tag 45 g Proteine, 160 g Kohlenhydrate und 320 g Fette mit der Nahrung zu sich. Überprüfen Sie durch Berechnung der Energiewerte, ob an diesem Tag Verstöße gegen die Grundsätze einer gesunden Ernährung vorliegen.
Berechnen Sie den respiratorischen Quotienten für dieses Nährstoffgemisch.
Legen Sie dabei folgende durchschnittliche RQ-Werte zugrunde:
– für reine Eiweißkost: 0,8
– für reine Kohlenhydratkost: 1,0
– für reine Fettkost: 0,7. (7 BE)
(15 BE)

Lösungen

1 Protokoll zur Nährstoffbestimmung in Lebensmitteln:

Materialien, Geräte und Chemikalien
(auf gesondertem Blatt angefordert!)
2 Lebensmittelproben, Reagenzgläser, Pipetten, verdünnte Natronlauge, Kupfersulfatlösung, Fehling'sche Lösung I und II, Glucoseteststreifen

Durchführung
Eiweißnachweis = Biuretreaktion
Die Probe wird mit ca. 3 ml NaOH und 3 Tropfen Kupfersulfatlösung versetzt.

Nachweis reduzierender Zucker
Die Probe wird mit Fehling'scher Lösung I und II zu gleichen Teilen vermischt und vorsichtig erwärmt.

Glukosetest
In die Probelösung wird der Teststreifen kurz eingetaucht und nach der vorgegebenen Zeit abgelesen.

Lebensmittel	Biuretreaktion	Fehling'sche Probe	Glukosetest
Vollmilch	Verfärbung von dunkelblau nach violett	dunkelblau → oranger Niederschlag	hellgelb → hellgrün
Banane	bleibt dunkelblau	dunkelblau → oranger Niederschlag Änderung schneller als bei Milch	hellgelb → dunkelgrün

Auswertung
Vollmilch enthält viel Eiweiß, reduzierende Zucker und wenig (> 50 mg/dl) Traubenzucker.
Banane enthält keine oder sehr wenige mit diesem Test nachweisbare Eiweiße, mehr reduzierende Zucker und viel (500 bis 1 000 mg/dl) Traubenzucker.
Daraus ist ersichtlich, dass Milch ein besonders eiweißreiches Lebensmittel ist, Banane dagegen einen Kohlenhydratspender darstellt, weswegen Ausdauersportler gerne während der Wettkampfpausen Bananen verzehren.

2 Zu einer vollwertigen Kost gehören vor allem: Wasser, Mineralsalze, Vitamine und die Nährstoffe Eiweiße, Fette und Kohlenhydrate.
Wasser dient als universelles Lösungsmittel, Lebewesen bestehen zu 90 % aus Wasser.
Mineralsalze haben für den Einbau in bestimmte Moleküle Bedeutung (Hämoglobin).
Vitamine kann der Körper nicht selbst herstellen, benötigt sie aber z. B. als Vorstufen von Enzymen.
Fette, Eiweiße und Kohlenhydrate sind als **Energielieferanten** und als Stoffe für Aufbauprozesse in der Zelle von Bedeutung. Einige unverdauliche Kohlenhydrate fördern als **Ballaststoffe** die Verdauung.

3   Berechnung des Energiegehaltes:
   $EG = 45\,g \cdot 17\,kJ/g + 160\,g \cdot 17\,kJ/g + 320\,g \cdot 39\,kJ/g = 15\,965\,kJ$
   Die Schülerin nimmt an diesem Tag 15 965 kJ zu sich. Der tägliche Energiebedarf beträgt
   laut Tabelle ca. 13 500 kJ. Sie nimmt also über 2 400 kJ zu viel an Energie auf.

   Berechnung und Vergleich der Einzelanteile der Nährstoffe:
   Proteine: 4,8 % statt 15 %
   Kohlenhydrate: 17 % statt 50 %
   Fett: 78 % statt 35 %
   Die Nahrung enthielt zu wenig Eiweiße und Kohlenhydrate und zu viel Fett.

   Berechnung des respiratorischen Quotienten RQ:
   $RQ = 0,8 \cdot 0,048 + 1,0 \cdot 0,17 + 0,7 \cdot 0,78 = 0,759$
   Der respiratorische Quotient beträgt: 0,759.

Bearbeiten Sie die nachstehende Aufgabe.

Die Baumschicht der australischen Wälder wird überwiegend von ca. 450 Eukalyptusarten gebildet. Sie bevorzugen trockene Standorte.
Die Blätter stehen bei Jungpflanzen oft kreuzgegenständig und waagerecht, sind relativ zart und breit herzförmig. Bei erwachsenen Bäumen sind diese spiralig und senkrecht zur Richtung des größten Lichteinfalls angeordnet, härter und sichelförmig. Anatomisch gleichen die Blätter junger Pflanzen mitteleuropäischen mesophyten Laubblättern, während die älterer Pflanzen u. a. an Ober- und Unterseite mehrschichtiges Palisadengewebe sowie von Scheidezellen umgebene Ölbehälter ausgebildet haben.
Viele Arten bilden hohe, gerade Stämme aus, die von der Holz- und Papierindustrie genutzt werden. Von über 20 Arten ist bekannt, dass die Eukalyptusblätter reich an ätherischen Ölen und anderen Assimilationsprodukten sind. Sie liefern nach der Destillation wichtige Grundstoffe für die Parfümerie und Pharmazie. Besonders gefragt ist das bei Erkältungen eingesetzte Eukalyptusöl der Art *Eucalyptus globulus*.

1 Fertigen Sie schematische Übersichtszeichnungen der zu erwartenden Querschnitte je eines Blattes einer jungen Eukalyptuspflanze und einer alten Eukalyptuspflanze an und beschriften Sie diese. (6 BE)

2 Begründen Sie drei der im Text genannten Blattveränderungen als Anpassungen an den Standort. (6 BE)

3 Erstellen Sie ein Schema (Fließbild) zur Bildung der Eukalyptusöle durch den Baum unter Berücksichtigung der Ausgangsstoffe, wesentlicher Zwischenprodukte, Reaktionsprodukte und Reaktionsorte.
Beschreiben Sie die Energieumwandlungen. (6 BE)

4 Ermitteln Sie den Wirkungsgrad des Energieaufwandes bei der Fotosynthese im Verhältnis zur kalorimetrischen Verbrennung von Glucose.
Gehen Sie von der vereinfachten Annahme aus, dass in der Pflanze für die Bildung von 1 mol Traubenzucker 18 mol ATP und zur Bildung von 1 mol ATP 533,33 kJ verbraucht werden. (3 BE)

5 Werten Sie die Abb. 1 aus.
Ziehen Sie Schlussfolgerungen zu Auswirkungen, die die Anpflanzung von Eukalyptusbäumen im 20. Jahrhundert in Südeuropa auf die südeuropäische Flora haben könnte. (4 BE)

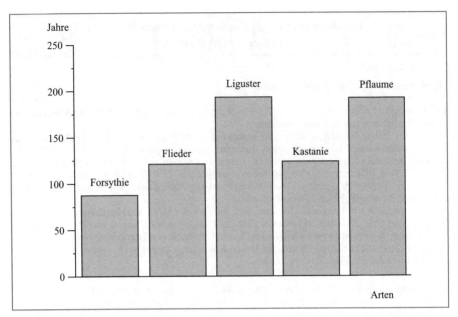

Abb. 1: Zeitraum zwischen der ersten Anpflanzung und dem ersten spontanen Auftreten nicht heimischer Gehölze in Brandenburg (verändert nach Ringenburg und Kowarik).

Lösungen

1 Es wurden die Blattquerschnitte eines jungen und älteren Blattes von Eukalyptus angefertigt und Übersichtszeichnungen erstellt.

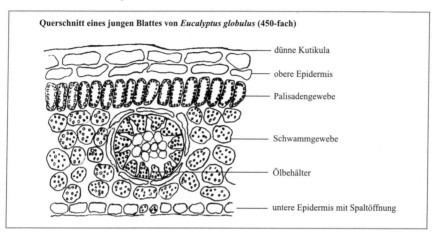

Querschnitt eines jungen Blattes von *Eucalyptus globulus* (450-fach)

- dünne Kutikula
- obere Epidermis
- Palisadengewebe
- Schwammgewebe
- Ölbehälter
- untere Epidermis mit Spaltöffnung

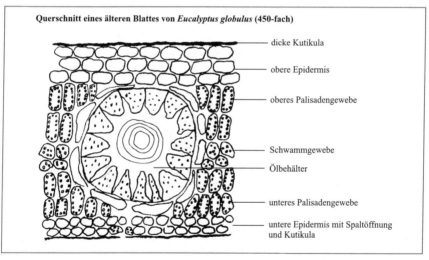

Querschnitt eines älteren Blattes von *Eucalyptus globulus* (450-fach)

- dicke Kutikula
- obere Epidermis
- oberes Palisadengewebe
- Schwammgewebe
- Ölbehälter
- unteres Palisadengewebe
- untere Epidermis mit Spaltöffnung und Kutikula

2 Die breit herzförmigen, waagerecht wachsenden Blätter der Jungpflanzen werden, wenn die Pflanze älter ist, durch schmale, sichelförmige, nach unten hängende Blätter ersetzt, weil diese für die durch das Wachstum nun stärker der direkten Sonneneinstrahlung ausgesetzten Pflanzen eine geringere Oberfläche bieten. Das stellt einen Verdunstungsschutz dar.
Die dickere Kutikula und die mehrschichtige Epidermis schützen die Blätter ebenfalls vor zu starker Verdunstung.

Da die älteren Blätter senkrecht nach unten hängen, aber durch den Wind bewegt werden, erhöht das mehrschichtige Palisadengewebe auf der Blattober- und Blattunterseite die Fotosyntheseleistung.

3

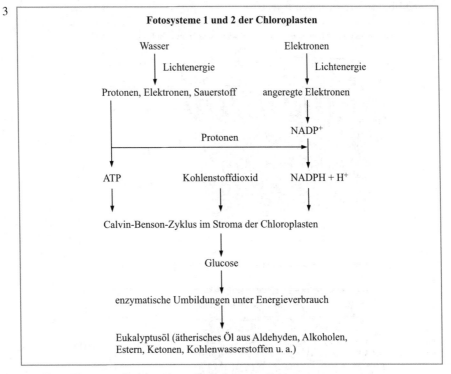

Fotosysteme 1 und 2 der Chloroplasten

Wasser   Elektronen

Lichtenergie   Lichtenergie

Protonen, Elektronen, Sauerstoff   angeregte Elektronen

Protonen $NADP^+$

ATP   Kohlenstoffdioxid $NADPH + H^+$

Calvin-Benson-Zyklus im Stroma der Chloroplasten

Glucose

enzymatische Umbildungen unter Energieverbrauch

Eukalyptusöl (ätherisches Öl aus Aldehyden, Alkoholen, Estern, Ketonen, Kohlenwasserstoffen u. a.)

Bei diesen Prozessen finden mehrere Energieumwandlungen statt.
Die Blattfarbstoffe absorbieren bestimmte Anteile des einfallenden Lichtes. Dadurch werden Elektronen der Blattfarbstoff-Fotosysteme angeregt. Deren Energie wird für die Bildung chemischer Energie in Form von ATP verwendet. Diese dient dem Aufbau von Glucose. Aus der Veratmung von Glucose gewonnene chemische Energie dient dem Aufbau von Eukalyptusöl und anderen organischen Stoffen.

4   Glucose hat eine molare Masse von 180 g/mol. 100 g Glucose haben einen Energiegehalt von 611 kJ. Demzufolge ermittelt man als kalorimetrische Verbrennungsenergie:
$E_1 = 180\,\text{g/mol} \cdot 1\,\text{mol} \cdot 1\,611\,\text{kJ} : 100\,\text{g} = 2\,899{,}8\,\text{kJ}$
Ein Mol Glucose liefert also 2 899,8 kJ.

Für die Bildung von einem Mol Glucose werden bei der Fotosynthese 18 mol ATP verbraucht. Die Fotosyntheseenergie errechnet man:
$E_2 = 18\,\text{mol} \cdot 533{,}33\,\text{kJ/mol} = 9\,599{,}9\,\text{kJ}$
Bei der Fotosynthese müssen für die Herstellung von 1 mol Glucose 9 599,9 kJ aufgewandt werden.

Der Wirkungsgrad beträgt:

$\eta = E_1 : E_2 = 2\,899,8\,\text{kJ} : 9\,599,9\,\text{kJ} = 0,302$

Der Wirkungsgrad der Traubenzuckerbildung in der Fotosynthese beträgt 0,302, also 30,2 %.

5 Im Diagramm wird der Zeitraum zwischen der ersten gewollten Anpflanzung und dem ersten spontanen Auftreten nicht heimischer Gehölze in Brandenburg dargestellt.

Man kann erkennen, dass die Zeitspanne zwischen dem ersten Anpflanzen und dem spontanen Auftreten bei Forsythie ca. 90, bei Flieder 120, bei Liguster 195, bei Kastanie 125 und bei Pflaume 190 Jahre beträgt.

Für diese Arten bedeutet das, dass sie sich nach einer Zeit der Akklimatisation in der Natur ohne Zutun des Menschen ansiedeln und fortpflanzen konnten. Arten wie Pflaumen oder Kastanien sind somit für unsere Landschaft teilweise prägend geworden.

Für bestehende Ökosysteme ergibt sich deshalb bei der Anpflanzung nicht heimischer Gehölze durch den Menschen eine nennenswerte Gefahr. Nach abgeschlossener Akklimatisation können sich diese Pflanzen in den Ökosystemen ausbreiten und verdrängen dadurch mehr oder weniger stark ansässige Arten. Das beeinträchtigt auch bestehende Nahrungsgefüge und ökologische Gleichgewichte.

Darum geht auch von den Eukalyptuspflanzungen in Südeuropa die Gefahr einer möglichen unkontrollierten Ausbreitung dieser Art in Südeuropa aus.

(Anmerkung: Die Akklimatisationszeit scheint schon beendet zu sein, da Eukalyptusbäume z. B. in Italien mittlerweile wild wachsen. In Deutschland machen in dem Sinne zunehmend Robinien auf sich aufmerksam, die z. B. Birken verdrängen.)

Bei der Gestaltung von Parkanlagen und Gärten sollte also verstärkt auf heimische Gehölze zurückgegriffen werden, um langfristig Schädigungen von Ökosystemen zu vermeiden.

Bearbeiten Sie die nachstehende Aufgabe.

Nach Meinung von Forschern gilt *Miacis*, ein kleines wieselartiges Tier des Paläozäns, als Vorfahr der Familie der Hundeartigen. Zu den Hundeartigen gehören u. a. Wolf, Fuchs, Kojote und Haushund.
Wölfe leben in komplexen Familienverbänden. Die Autorität des Alpha-Männchens und des Alpha-Weibchens wird fortwährend durch agonistisches Verhalten gefestigt. Nur das Alpha-Paar bringt Junge zur Welt, an deren Aufzucht sich aber das gesamte Rudel beteiligt.
Aus dem domestizierten Wolf entwickelten sich durch selektive Zucht die unterschiedlichsten Hunderassen. Züchtungsziel war es, verschiedene Eigenschaften verstärkt zu entwickeln bzw. zurückzudrängen, so z. B. die Ausprägungen der Fellfarbe. Dabei treten aber vermehrt Erbkrankheiten auf, wie die auch beim Menschen bekannte Hämophilie (Bluterkrankheit).
Bei Hundeartigen führt Tollwut, eine durch RNA-Viren ausgelöste Erkrankung, meist zu deren Tod. Die Infektion erfolgt durch virushaltigen Speichel, der bei einem Biss oder durch verletzte Haut in den Körper gelangt.

Vergleich von	Anteil des genetischen Unterschiedes der Mitochondrien-DNA in Prozent
Wolf – Wolf	0,16
Wolf – Haushund	0,20
Wolf – Kojote	3,10

Abb. 2: Prozentualer Anteil des genetischen Unterschiedes der Mitochondrien-DNA bei Hundeartigen.

Merkmale der Eltern		Zahl der Nachkommen							
Hündin	Rüde	Weibchen				Männchen			
		Schwarz, ohne Hämophilie	Schwarz, mit Hämophilie	Blond, ohne Hämophilie	Blond, mit Hämophilie	Schwarz, ohne Hämophilie	Schwarz, mit Hämophilie	Blond, ohne Hämophilie	Blond, mit Hämophilie
Schwarz, ohne Hämophilie	Blond, ohne Hämophilie	64	–	–	–	32	32	–	–
Blond, ohne Hämophilie	Schwarz, mit Hämophilie	32	–	32	–	32	–	32	–
Schwarz, ohne Hämophilie	Schwarz, mit Hämophilie	48	48	16	16	48	48	16	16
Schwarz, ohne Hämophilie	Blond, ohne Hämophilie	32	–	32	–	16	16	16	16

Abb. 3: Merkmale von vier Hunderassen und deren Nachwuchs in der Generationsfolge.

1 Erstellen Sie mithilfe der Abbildung 2 einen Stammbaum der Hundeartigen. (2 BE)

2 Beschreiben Sie die humorale Immunantwort des Haushundes nach einer Infektion mit Tollwut-Viren. (5 BE)

3 Analysieren und begründen Sie die in Abbildung 3 dargestellten Kreuzungsergebnisse.
Geben Sie für die vier Kreuzungen die Genotypen der Elternpaare an. (9 BE)

4 Erläutern Sie je zwei Vor- und Nachteile des Zusammenlebens der Wölfe in Rudeln. (4 BE)

Lösungen

1 Abbildung 2 zeigt die Anteile der genetischen Unterschiede verschiedener Hundeartiger in Prozent. Daraus ergibt sich folgender Stammbaum:

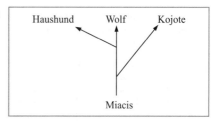

2 Die Immunantwort eines Haushundes als Säugetier untergliedert sich in die unspezifische und spezifische Immunantwort. Letztere beinhaltet je nach Infektionsverlauf die zelluläre und humorale Immunantwort.

Beim humoralen Teil geht es darum, dass frei im Körper vorkommende Erreger, hier Tollwut-Erreger, zu bekämpfen sind.

Kommen Makrophagen mit den Viren zusammen, nehmen sie diese in sich auf, zerlegen sie und präsentieren Virenteile (Antigene) auf ihrer Oberfläche. Bekommen diese Makrophagen Kontakt zu passenden T-Helferzellen, werden diese aktiviert. In diesem Zustand suchen sie nach B-Lymphozyten, die über die entsprechende Immunantwort verfügen und aktivieren diese.

Es erfolgt die Vermehrung und Umwandlung der B-Lymphozyten in Plasmazellen und teilweise in B-Gedächtniszellen (Immungedächtnis).

Die Plasmazellen beginnen mit der Produktion von Antikörpern, die dann im Rahmen der Antigen-Antikörper-Reaktion an die freien Viren anbinden und so Immunkomplexe bilden. Diese werden dann von anderen Teilen des Immunsystems zerstört und abgebaut.

Durch Wirkung von T-Unterdrückerzellen wird bei Erfolg die Bildung von Antikörpern am Schluss gedrosselt.

Anmerkung: Die Wahrscheinlichkeit eines solchen Verlaufes bei Kontakt mit Tollwutviren durch Haushunde ist in Deutschland aber relativ gering, da die Hunde regelmäßig gegen Tollwut geimpft und somit immunisiert werden.

Gelangen Viren in den Körper des Hundes, werden sie durch schon vorhandene Antikörper bzw. durch Antikörper, die nach Aktivierung der Gedächniszellen hergestellt wurden, in einer schnell erfolgenden Antigen-Antikörper- und Folge-Reaktion unschädlich gemacht. Eine Erkrankung der Hunde und damit auch eine Krankheitsübertragung auf die Besitzer wird somit verhindert.

3 Da sowohl blonde als auch schwarze Tiere an Hämophilie erkrankt sein können, handelt es sich um eine getrennte Vererbung beider Merkmale auf verschiedenen Chromosomen. Das ist ein dihybrider Erbgang. Dies könnte aber auch auf z. B. Crossing over zurückzuführen sein – jedoch nicht mit dieser Häufigkeit.

Weil die Kreuzung schwarzer und blonder Eltern fast ausschließlich zu schwarzen Nachkommen führt, wird die Farbe schwarz dominant, die Farbe blond rezessiv vererbt.

Da sowohl männliche wie weibliche Nachkommen in etwa gleichen Verteilungen über die Fellfarben schwarz und blond verfügen, wird die Vererbung über eines der Körperchromosomenpaare, also autosomal erfolgen.

Weil bei den Elternpaaren 1 und 4 keine Hämophilie vorliegt, aber bei Nachkommen auftritt, wird dieses Merkmal rezessiv vererbt.

Da bei den Elternpaaren 1, 2 und 4 nur männliche Nachkommen an Hämophilie erkrankt sind, wird dieses Merkmal mit dem weiblichen Geschlechtschromosom, also gonosomal vererbt.
Bei Paar 1, 3 und 4 ist die Mutter jeweils Konduktorin, weil männliche Nachkommen bluterkrank sind. Dadurch gibt es bei Paar 3, wo zusätzlich der Vater erkrankt ist, auch weibliche Nachkommen mit Hämophilie.

Genotypen der Elterngeneration:
B = Gen für schwarze Fellfarbe
b = Gen für blonde Fellfarbe
X = weibliches Geschlechtschromosom ohne Hämophiliedefekt
x = weibliches Geschlechtschromosom mit Hämophiliedefekt
Y = männliches Geschlechtschromosom

Elternpaar 1:
Hündin mit BB oder eventuell Bb und Xx
Rüde mit bb und XY

Elternpaar 2:
Hündin mit bb und XX
Rüde mit Bb und xY

Elternpaar 3:
Hündin mit Bb und Xx
Rüde mit Bb und xY

Elternpaar 4:
Hündin mit Bb und Xx
Rüde mit bb und XY

4 Bei Wölfen leben die Eltern mit den noch nicht geschlechtsreifen Jungtieren in einem Familienrudel. Zwischen den Tieren bildet sich eine Rangordnung heraus.

Vorteile sind folgende:
Ranghöhere Tiere leben durch die gefestigte Rangordnung stressfreier, da nicht ständig kräftezehrende Auseinandersetzungen geführt werden müssen.
Durch die gemeinsame Jagd mit Treibern und Fängern können mehr und größere Beutetiere gefangen werden, was die Überlebenschancen aller Rudelmitglieder erhöht.

Nachteilig kann folgendes sein:
Rangniedrigere Tiere erleben ihre Situation als Dauerstress, da sie sich ständig von Ranghöheren bedroht fühlen, schlechteres Futter erhalten, an der Fortpflanzung gehindert werden, was ihre Lebenserwartung senkt.
Durch die ständige Nähe und gemeinsame Nahrungsaufnahme sind alle Tiere von Krankheiten bedroht, die sonst nur ein einzelnes Tier befallen würden. So sind z. B. in Kasachstan über 60 % der Wölfe mit Tollwuterregern infiziert. Das wirkt sich auch nachteilig auf die Lebenserwartung aus.

Wählen Sie **eine** der nachstehenden Aufgaben aus und bearbeiten Sie diese.

Plastiden sind Zellorganellen, die im Zytoplasma von Zellen höherer Pflanzen vorhanden sind und in verschiedenen Strukturtypen auftreten.

1 Fertigen Sie von den zwei vorliegenden Materialien Frischpräparate an und mikroskopieren Sie diese.
   Zeichnen Sie von jedem Präparat je eine typische Zelle mit Plastiden (Chloroplasten und Chromoplasten) und beschriften Sie.
   Nach Fertigstellung jeder Zeichnung ist das jeweilige Präparat unter dem Mikroskop dem Aufsicht führenden Fachlehrer vorzuzeigen.   (8 BE)

2 Erstellen Sie eine tabellarische Übersicht zu Vorkommen, Formen, Farbstoff und Funktion von Chloroplasten, Chromoplasten und Leukoplasten.   (7 BE)

Lösungen

1

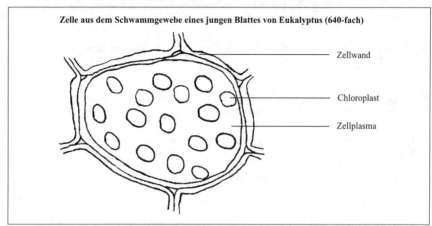

Zelle aus dem Schwammgewebe eines jungen Blattes von Eukalyptus (640-fach)

— Zellwand

— Chloroplast

— Zellplasma

Zelle aus der Epidermis eines Kronblattes von *Viola* (640-fach)

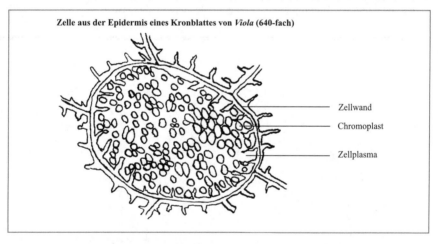

— Zellwand
— Chromoplast

— Zellplasma

2

	Chloroplasten	Chromoplasten	Leukoplasten
Vorkommen	grüne Pflanzenzellen	bunte Kronblätter und Früchte	Spross-, Wurzelknollen u. a. Speicherorgane
Formen	oval, kugel- oder spiralförmig	sichel-, linsen- oder kugelförmig	oval oder rund
Farbstoff	Chlorophyll a und b sowie andere Blattfarbstoffe	Violaxanthin, Lutein, Lycopin, Carotin	kein Farbstoff, farblos
Funktion	Fotosynthese	Anlocken von Tieren zur Bestäubung bzw. Samenverbreitung	Speicherung von Lipiden, Eiweißen oder Stärke

Verdauungsvorgänge wären ohne zahlreiche Enzyme undenkbar. In Abbildung 4 sind einige Enzyme des menschlichen Verdauungstraktes angeführt. Hinsichtlich ihrer Wirksamkeit zeigen Enzyme ein sehr spezifisches Verhalten.

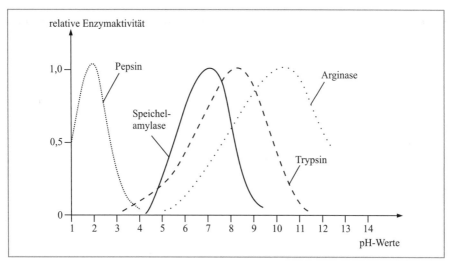

Abb. 4: Enzymwerte (nach Löwe „Biochemie", C. C. Buchner-Verlag).

1 Untersuchen Sie die Wirkungsweise von Enzymen durch folgendes Experiment: Geben Sie in ein Reagenzglas 20 ml Vollmilch und prüfen Sie mit einem entsprechenden Teststreifen den Gehalt an Glucose. Entnehmen Sie 10 ml der Milch in ein zweites Reagenzglas und fügen Sie anschließend das durch den Aufsicht führenden Fachlehrer bereitgestellte Enzym A hinzu. Zerreiben Sie die Enzymtablette vorher im Mörser. Achten Sie darauf, dass sich Milch und Enzym gut vermischen. Prüfen Sie nach 5 min erneut den Gehalt an Glucose. Geben Sie in das Reagenzglas mit der verbliebenen Milch das bereitgestellte Enzym B. Öffnen Sie dazu vorher die Enzymkapsel durch leichtes Drehen. Achten Sie auch hier auf gute Durchmischung und ermitteln Sie nach 5 min ebenfalls den Glusosegehalt.

Alle erforderlichen Materialien, Geräte und Chemikalien werden Ihnen vom Aufsicht führenden Fachlehrer zu Verfügung gestellt.

Protokollieren Sie ihre Beobachtungen und erklären Sie die Ergebnisse in beiden Reagenzgläsern.

Die Qualität des experimentellen Arbeitens wird mit bewertet.   (6 BE)

2 Stellen Sie in einer tabellarischen Übersicht die Verdauung von Kohlenhydraten im menschlichen Körper dar. Geben Sie dazu die beteiligten Abschnitte des Verdauungstraktes sowie Drüsen, Substrate und jeweilige Abbauprodukte an.　　(4 BE)

3 Werten Sie die Abbildung 4 aus.
Begründen Sie unter Einbeziehung der Abbildung 4, in welchen Abschnitten des menschlichen Verdauungssystems die Enzyme Pepsin und Trypsin wirksam sind. Nennen Sie drei weitere Faktoren, durch welche die Aktivität von Enzymen beeinflusst werden kann.　　(5 BE)

1 Kurzprotokoll:

Durchführung:
s. Aufgabenstellung

Beobachtungen:
Reagenzglas mit Milch: Teststreifen verfärbt sich von gelb zu hellgrün
Reagenzglas mit Milch und Enzym A: Teststreifen verfärbt sich hellgrün
Reagenzglas mit Milch und Enzym B: Teststreifen verfärbt sich dunkelgrün

Auswertung:
Milch enthält wenig Glucose (hellgrüne Verfärbung), aber zu ca. 4,5 % den Milchzucker Lactose. Lactose ist ein Zweifachzucker (Disaccharid), der aus je einem Molekül Galactose und Glucose zusammengesetzt ist.
Wird Lactose enzymatisch gespalten, entsteht neben Galactose auch Glucose, die sich mit dem Teststreifen nachweisen lässt.

Gibt man Enzym A zu Milch, entsteht lediglich die ursprüngliche hellgrüne Verfärbung des Teststreifens für weniger als 50 mg pro Liter. Enzym A katalysiert keine Spaltung der Lactose.

Gibt man Enzym B zur Milch, verfärbt sich der Teststreifen dunkelgrün, was mehr als 1 000 mg Glucose pro Liter anzeigt. Enzym B katalysiert die Lactosespaltung, sodass mehr Glucose nachweisbar ist.

Das Experiment zeigt, dass Enzyme substratspezifisch arbeiten. Nur Enzym B kann das Substrat Lactose umsetzen.

2

Abschnitt des Verdauungstraktes	Drüsen	Substrate	Abbauprodukte
Mundhöhle	Speicheldrüsen	Stärke	Maltose
Zwölffingerdarm	Bauchspeicheldrüse	Stärke Disaccharide (z. B. Maltose)	Maltose Monosaccharide (z. B. Glucose)
Dünndarm	Darmschleimhaut-Drüsenzellen	Disaccharide (z. B. Lactose)	Monosaccharide (z. B. Galactose und Glucose)

3 In der Abbildung werden die relativen Enzymaktivitäten verschiedener Enzyme in Abhängigkeit vom pH-Wert dargestellt.
Alle Enzyme weisen eine bestimmte Toleranz gegenüber pH-Wertschwankungen auf, die in unterschiedlichen pH-Wertbereichen liegen. Pepsin reagiert bei einem pH-Wert von 1 bis 4, Speichelamylase bei 4,2 bis 9,5, Trypsin bei 3,3 bis 11,4 und Arginase bei 4,7 bis ca. 13.

Die pH-Werte für die höchste relative Enzymtätigkeit von 1,0 weichen ebenfalls voneinander ab (Pepsin bei pH-Wert 2, Speichelamylase bei 7, Trypsin bei 8 und Arginase bei 10,5).

Die unterschiedlichen pH-Optima der Enzyme weisen auf ihre Tätigkeit in unterschiedlichen Abschnitten des Verdauungskanales hin. Da Pepsin die höchste relative Enzymtätigkeit bei einem pH-Wert von 2 hat, arbeitet es im salzsauren Millieu des Magens am effektivsten.

Weil Trypsin die höchste relative Enzymtätigkeit bei einem pH-Wert von 8 aufweist, muss es unter basischen Bedingungen arbeiten, wie es den Verhältnissen im Dünndarm und Zwölffingerdarm entspricht. Der basische pH-Wert entsteht besonders durch den Magensäure neutralisierenden Bauchspeichel.

Drei weitere Faktoren, die die Enzymtätigkeit beeinflussen, sind die Enzymkonzentration, die Substratkonzentration sowie die Reaktionstemperatur.

Der Ernteertrag von Kulturpflanzen wird von zahlreichen abiotischen und biotischen Faktoren beeinträchtigt. Eine wesentliche Rolle dabei spielen die Ackerwildpflanzen, die durch ihre Anwesenheit auch wertvolle Hinweise auf Bodeneigenschaften liefern. Durch mechanische oder chemische Unkrautbekämpfung oder durch integrierten Pflanzenschutz läßt sich der Konkurrenzdruck der sogenannten „Ackerunkräuter" erheblich herabsetzen.

Mit Hilfe von Experimenten erforschte man die Abhängigkeit des Wachstums von Hederich und Ackersenf vom pH-Wert des Bodens. Dazu wurden für drei Versuchsreihen jeweils sechs Gefäße mit Bodenproben vorbereitet, die unterschiedliche pH-Werte aufwiesen (s. Tabelle 1). In alle Gefäße wurde dann die gleiche Anzahl von Samen gegeben, und zwar bei Versuchsreihe A jeweils nur Hederich-Samen, bei Versuchsreihe B nur Ackersenf-Samen, bei Versuchsreihe C jeweils Hederich- und Ackersenf-Samen gemeinsam. Nach Ablauf der Vegetationsperiode wurden die Pflanzen jedes Blumentopfes getrennt getrocknet und danach gewogen. Die so ermittelte Trockensubstanz-Masse ist in der folgenden Tabelle in Prozenten vom Gesamtertrag der jeweiligen Versuchsreihe angegeben:

Gefäß	A	B	C	D	E	F
pH-Werte	**3**	**4**	**5**	**6**	**7**	**8**
Trockensubstanzertrag in Prozent:						
Versuchsreihe A Hederich	7	17	23	21	20	12
Versuchsreihe B Ackersenf	3	7	20	25	27	17
Versuchsreihe C Hederich	6	27	22	19	16	10
Ackersenf	3	7	12	19	27	32

Tabelle 1: Erträge von drei Versuchsreihen

1 Stellen Sie die Ergebnisse der Versuchsreihen (Tabelle 1) in drei Diagrammen auf Millimeterpapier dar und vergleichen Sie die Kurvenverläufe. (6 BE)

2 Begründen Sie das unterschiedliche Wachstum in den einzelnen Blumentöpfen (2 Argumente). (4 BE)

3 Begründen Sie, inwiefern Ackerwildpflanzen den Ernteertrag beeinflussen können (2 Aussagen). (4 BE)

4 Erläutern Sie drei Methoden, die im integrierten Pflanzenschutz Anwendung finden. Nennen Sie je zwei Vor- und Nachteile einer chemischen Unkrautbekämpfung. (7 BE)

5 Beschreiben Sie die Dunkelreaktion (Sekundärreaktionen) der Photosynthese als Voraussetzung für das Wachstum einer Pflanze. (4 BE)

(25 BE)

Lösungen

1 Die Diagramme stellen die Abhängigkeit des Wachstums der Ackerwildpflanzen Hederich und Ackersenf (Trockensubstanzertrag in %) vom pH-Wert des Bodens jeweils einzeln (A und B) sowie in Gemeinschaft (C) dar.

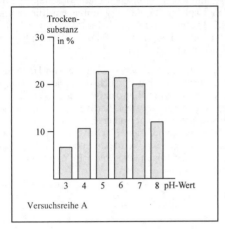

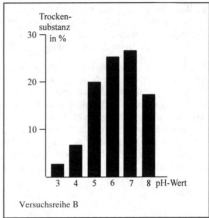

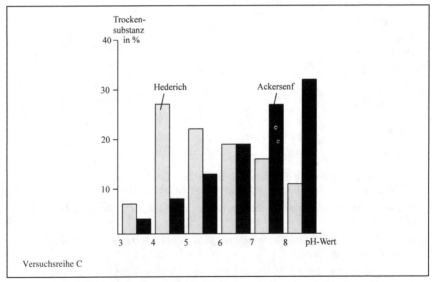

Lebewesen besitzen gegenüber verschiedenen Umweltfaktoren genetisch bedingte **Toleranzbereiche**, d. h. Fähigkeiten, bestimmte Schwankungen dieser Faktoren in Grenzen zu überdauern und in Lebensräumen leben zu können, deren Umweltfaktoren innerhalb der entsprechenden Toleranzbereiche liegen.

Im vorliegenden Beispiel wird der für Pflanzen wichtige Umweltfaktor pH-Wert des Bodens untersucht. Es ist erkennbar, daß sowohl Hederich als auch Ackersenf eine pH-Toleranz im Bereich kleiner als drei und größer als acht besitzen. Einzeln gedeiht der Hederich offensichtlich optimal bei einem pH-Wert von fünf, der Ackersenf bei sieben, was bedeutet, daß Herderich sauerere Böden als Ackersenf bevorzugt. Werden beide Pflanzen gemeinsam in Töpfen gehalten, verschiebt sich der optimale pH-Wert beim Hederich leicht ins Saure auf vier, der des Ackersenfs auf acht in den leicht basischen Bereich.

2 Das unterschiedliche Wachstum in den Versuchsreihen A, B und C könnte zum Beispiel folgende Ursachen haben:
Wie dargestellt, stimmen zwar die Toleranzbereiche der beiden Arten weitgehend überein, die Optima differieren aber entsprechend, so daß Hederich eher auf sauren, Ackersenf eher auf neutralen bis leicht basischen Böden gedeiht.
Außerdem könnten die beiden Arten in einem Blumentopf (Versuch C) zueinander in Konkurrenz beispielsweise um den Umweltfaktor Licht treten. Dabei verdrängt Hederich den Ackersenf wahrscheinlich stärker auf sauren Böden, umgekehrt Ackersenf den Hederich auf neutralen bis leicht basischen Böden.

3 Ackerwildpflanzen wurden früher als Unkräuter bezeichnet. Sie können auf verschiedene Weise den Ernteertrag beeinträchtigen.
Wachsen sie schneller und höher als die Kulturpflanzen, nehmen sie diesen das für das Wachstum nötige Licht, so daß die Kulturpflanzen zu langsam wachsen.
Ackerwildpflanzen können aber auch mit Kulturpflanzen in Konkurrenz um die im Boden befindlichen Nährstoffe treten und so deren Wachstum behindern.

4 Um die Kulturpflanzen optimal wachsen zu lassen, muß man sie vor hinderlichen Einflüssen schützen. Will man dabei die Menge an verwendeten Chemikalien (Herbiziden, Insektiziden etc.) möglichst gering halten, kann man die chemische Bekämpfung mit herkömmlichen mechanischen und biologischen Methoden kombinieren. Dann spricht man vom **integrierten Pflanzenschutz.**
So kann man dafür sorgen, daß schädlingsvertilgende Tiere optimale Lebensbedingungen finden und so Pflanzenschädlinge möglichst gering halten und damit der Chemikalieneinsatz minimiert werden kann.
Sinnvolle Kombinationen der Fruchtfolgen erschweren bestimmten Schädlingen das Überdauern, bis die passende Futterpflanze das nächste Mal gepflanzt ist.
Der Einsatz rasch abbaubarer spezifischer Insektizide erfolgt in dosierten Mengen im Bedarfsfall, um Schädlinge fernzuhalten, die überhand zu nehmen drohen.

Vorteile einer **chemischen Unkrautbekämpfung** sind folgende:
Es kann im Bedarfsfall sehr schnell und sehr gezielt gearbeitet werden, da die Chemikalien sofort beschaffbar und auf relativ einfache Weise anwendbar sind. Auch wirken die Gifte gegen die Schädlinge meist sehr rasch und sicher, so daß der Ertrag der Kulturpflanzen durch deren Schädigung nicht gefährdet ist.
Aber mit dem Einsatz der Chemikalien sind auch Nachteile verbunden, z. B. werden durch die Gifte meist auch nützliche Insekten (z. B. Bienen) mit vernichtet, so daß Lücken in den Ökosystemen entstehen. Außerdem können schwer abbaubare Chemikalien über die Nahrungskette oder das Grundwasser in den Körper des Menschen gelangen und zu gesundheitlichen Schäden führen.

5 In der Dunkelreaktion wird unter Verwendung der aus der lichtabhängigen Reaktion stammenden chemischen Energie (ATP) sowie des gebundenen Wasserstoffs durch chemische Reaktionen aus dem Ausgangsstoff CO_2 der organische Stoff Traubenzucker hergestellt. Die Vorgänge dazu laufen im **Calvin-Zyklus** ab.

Dabei wird Kohlendioxid an C_5-Akzeptoren gebunden. Die enstehenden C_6-Verbindungen zerfallen in C_3-Verbindungen, die durch den gebundenen Wasserstoff und mit ATP-Hilfe reduziert werden. Einige dieser Moleküle werden unter weiterem ATP-Verbrauch zu Traubenzuckermolekülen zusammengefügt. Aus dem Rest entstehen wieder Kohlendioxidakzeptormoleküle.

Die gebildete Glucose steht der Pflanze nun auf verschiedene Weise zur Verfügung, so als Energielieferant oder als Baustein für die Zellulose der Zellwände. Da die Pflanze nur auf diesem Wege Stoffe für ihren Stoff- und Energiewechsel herstellen kann, ist die Photosynthese Voraussetzung für das Wachstum der Pflanze.

Grundkurs Biologie (Sachsen): Abiturprüfung 1997
Aufgabe A 2: Quecksilbervergiftungen

Quecksilberkatastrophen in Japan lenkten weltweit die Aufmerksamkeit auf das silberglänzende flüssige Schwermetall. Aus Kostengründen ließ vor einigen Jahren ein Unternehmen in der Hafenstadt Minamata seine Abwässer ungereinigt in die Meeresbucht laufen. Sie enthielten 1 % Quecksilber. Im Schlamm des Meeresgrundes wurde das Metall von Bakterien in das noch weitaus giftigere Methylquecksilber umgewandelt, das über die Fische in den menschlichen Organismus gelangte. Bei den Betroffenen traten schwere Störungen im Nervensystem auf.

Schwedische Umweltforscher ermittelten die Quecksilberbelastungen der Umwelt ihrer Heimat durch Untersuchungen von Federn des Fischadlers. Dabei stellten sie gleichfalls eine ansteigende Verseuchung der Gewässer mit Quecksilber fest. Störungen des Nestbau- und Brutverhaltens der Fischadler waren die Folge der Quecksilbervergiftung. Quecksilber, Blei und andere Schwermetalle sind Gifte für die meisten Lebewesen.

1 Beschreiben Sie Bau und Wirkungsweise eines Enzymes. (6 BE)

2 Enzymatische Reaktionen können durch äußere Faktoren beeinflußt werden. Erläutern Sie diesen Sachverhalt an der im Text dargestellten Problematik. (3 BE)

3 Ein sehr wichtiger Enzymkomplex aller Zellen sind die ATPasen. Beschreiben Sie mit Hilfe des Reaktionsschemas (Abb. 1) die Bedeutung dieser Enzyme an zwei Beispielen.

$$\text{ATP} \underset{\text{ATPase}}{\overset{\text{ATPase}}{\rightleftharpoons}} \text{ADP} + \text{(P)}$$
$$\Delta H = -30,5 \ kJ \cdot mol^{-1}$$

(6 BE)

Abb. 1: Reaktionsschema

4 Benennen Sie die in Abbildung 2 mit den Ziffern 1 bis 6 gekennzeichneten Zellbestandteile und geben Sie jeweils deren Funktion an.

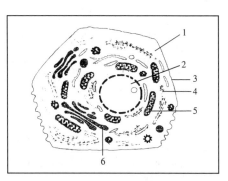

Abb. 2: Elektronenmikroskopisches Bild einer Zelle

(6 BE)

5 Begründen Sie, weshalb man aus der Untersuchung der Fischadlerfedern auf eine zunehmende Quecksilberbelastung der Gewässer schließen konnte. (4 BE)

(25 BE)

Lösungen

1 **Enzyme** sind spezielle Proteine, die als Biokatalysatoren steuernd an jeder chemischen Reaktion der Lebewesen beteiligt sind. Sie senken die für den Ablauf der Reaktion notwendige Aktivierungsenergie, so daß die Reaktion bereits bei Körpertemperatur ablaufen kann. Zusammengesetzt sind sie meist aus vielen hundert Aminosäuren, deren Anordnung im genetischen Bauplan des Lebewesens vorgegeben ist. Die nach dem entsprechenden genetischen Code aufgebauten Aminosäureketten werden dann, um die Wirksamkeit des Enzyms zu gewährleisten, in spezieller Weise räumlich geordnet. Zum Teil ergibt auch erst die Verknüpfung mehrerer Peptid-Untereinheiten das wirkende Enzym. Nichteiweiß-Anteile, sogenannte **Coenzyme**, können beim Aufbau eine Rolle spielen.

Jedes Enzym verfügt über ein für die Katalyse wichtiges aktives Zentrum. Dort bindet das passende Substrat (**Enzym-Substrat-Spezifität**) und wird chemisch durch das Enzym so beeinflußt, daß die Umwandlung zum Produkt bei Körpertemperatur sehr rasch ablaufen kann. Dabei fixiert das Enzym jeweils entweder ein bestimmtes Substrat oder eine funktionelle Gruppe. Die Reaktion läuft nach folgendem Muster ab:

Enzym + Substrat → Enzym-Substrat-Komplex → Enzym + Produkt

Nach erfolgter Substrat-Umwandlung liegt das Enzym unverändert vor und kann erneut ein Substratmolekül zur Reaktion binden. So bringt es ein Enzymmolekül auf bis zu mehrere tausend Umwandlungen pro Sekunde.

Je mehr Substratmoleküle umzuwandeln sind, desto mehr Enzymmoleküle werden synthetisiert. Außerdem bestehen Abhängigkeiten von der Temperatur (**RGT-Regel**), dem pH-Wert und anderen Faktoren.

2 Gibt man zu einer Eiweißlösung eine Schwermetallionen-Lösung (z. B. Blei- oder Quecksilbersalz-Lösung), zeigt die Eiweißlösung Denaturierungserscheinungen und flockt aus. Das beweist, daß Schwermetallionen Eiweiße, also auch Enzyme, in ihrer Strurktur verändern und so in ihrer Funktion beeinflussen. Man zählt die Schwermetallsalze deshalb auch zu den **Enzymgiften.**

Die im Text aufgeführten Quecksilber- und Bleiionen wirken unter anderem auch als Nervengifte, die Enzyme der Nervenzellen dauerhaft blockieren und so unwirksam machen. Die Folgen können von den geschädigten Enzymen nicht mehr hergestellte wichtige Stoffe oder sich anhäufende nicht abgebaute Substanzen sein, die die Zellen schädigen und besonders im Fettgewebe von Tieren abgelagert werden.

3 ADP, Adenosindiphosphat, ist eine energiereiche Verbindung, die den Ausgangsstoff für das in allen Zellen von Lebewesen als Energiespeicher- und -transportform vorkommende ATP, Adenosintriphosphat, bildet. Dabei findet folgende enzymatisch katalysierte Reaktion statt:

ADP + P + Energie → ATP

Pro Mol ATP wird bei Bedarf durch Abspaltung je eines Phosphatrestes eine Energie von ca. 30,5 kJ frei, die für die Aufrechterhaltung sämtlicher energieverbrauchenden Prozesse zur Verfügung steht. Es findet dabei diese enzymatisch katalysierte Reaktion statt:

ATP → ADP + P + Energie

An den Innenmembranen der Mitochondiren wird ATP aus ADP + P vor allem im Rahmen der sich an den Citronensäurezyklus anschließenden **Endoxidation** unter Beteiligung des Enzyms ATPase gebildet. Dabei entstehen pro Molekül Traubenzucker 36 bis 38 Mol ATP. Die Bildung von ATP aus ADP + P spielt vor allem an den Innenmembranen der

Chloroplasten im Rahmen der **Lichtreaktion** der Photosynthese eine Rolle. Dabei wird die Energie für die ATP-Produktion aus dem lichtangeregten Elektronentransport und aus dem Protonentransport gewonnen. Das so mittels ATPase erzeugte ATP dient in der Dunkelreaktion als Energiequelle, um im **Calvin-Zyklus** aus Kohlendioxid den energiereichen Traubenzucker zu produzieren.

ADP entsteht in den Zellen bei fast allen energieverbrauchenden Prozessen durch den Abbau von ATP mittels ATPase, so z. B. bei aktiven Transportvorgängen, wie bei den Na-K-Pumpen der Nervenzellen, durch Zellmembranen.

4   Die mit Ziffern benannten Zellbestandteile und deren Funktionen sind folgende:
   1 = Zellplasma – Transport- und Stoffwechselprozesse;
   2 = Zellkern – Sitz der chromosomalen Erbinformation, Steuerung der Proteinsynthese;
   3 = Zellmembran – Stoffaustausch, Abgrenzung zur Zellumgebung;
   4 = rauhes ER – Eiweißsynthese, Stofftransport;
   5 = Mitochondrium – Energiegewinnung;
   6 = Dictyosom – Transport von Sekreten.

5   Schwer abbaubare Schadstoffe, so auch Quecksilberverbindungen, reichern sich in bestimmten Körpergeweben, z. B. der Leber und im Fettgewebe, an, wenn ein Lebewesen diese Gifte aufnimmt. Über die Nahrungskette kommt es durch die beschriebene Anreicherung zu einer immer konzentrierteren Aufnahme dieser Stoffe von einfachen Konsumenten hin zu den Endkonsumenten.

Somit kann man aus Konzentrationsänderungen bei Quecksilberionen in Fischadlerfedern auf Konzentrationsveränderungen dieser Ionen im Gewässer schließen.

Das Gehirn der Wirbeltiere verarbeitet und steuert nicht nur die über die Nervenzellen verlaufenden Erregungen, sondern produziert auch Hormone. Diese Neurohormone sind stammesgeschichtlich die ältesten Botenstoffe. Sie werden bei allen Wirbeltieren im Zwischenhirn von spezialisierten Nervenzellen gebildet, im Hinterlappen der Hirnanhangsdrüse (Hypophyse) gespeichert und bei Bedarf durch Aktionspotentiale in das Blut abgegeben.

Bei den meisten Wirbeltieren kommen immer zwei diese Hormone gemeinsam vor:

Amphibien	Mesotocin	und	Vasotocin,
Kriechtiere und Vögel	Ocitocin	und	Vasotocin,
Säuger	Ocitocin	und	Vasopressin (s. Abb. 3).

Dabei erfüllt jeweils das eine Hormon eine Rolle in der Fortpflanzungsbiologie, das andere bei der Regulation des Wasser- und Mineralstoffwechsels. So fördert z. B. Ocitocin bei Säuger und Mensch die Kontraktion des Gebärmuttermuskels und die Milchsekretion der Brustdrüsen, Vasopressin steigert langanhaltend den Blutdruck und steuert in der Niere die Konzentration des Harns. Fehlt Vasopressin, werden vom Menschen täglich bis 25 l Harn abgegeben.

Das Zwischenhirn ist außerdem der Sitz von angeborenen Auslösemechanismen.

1 Geben Sie in Form einer Tabelle einen Überblick über das Nervensystem eines Wirbeltieres (oder Menschen), über seine Hauptbestandteile und deren Funktionen. (5 BE)

2 Beschreiben Sie den chemischen Aufbau von Vasotocin (s. Abb. 3). (3 BE)

3 Vergleichen Sie die in Abb. 3 dargestellten Neuhormone der Wirbeltiere. Leiten Sie aus dem Vergleich Schlußfolgerungen über die mögliche stammesgeschichtliche Entwicklung der dargestellten Neurohormone ab. (5 BE)

4 Stellen Sie die Biosynthese eines Neurohormones in einem Schema dar. Gehen Sie dabei von der Erbinformation in der DNA aus. (6 BE)

5 Erläutern Sie eine angeborene Verhaltensweise am Beispiel eines Reflexes. (6 BE)
(25 BE)

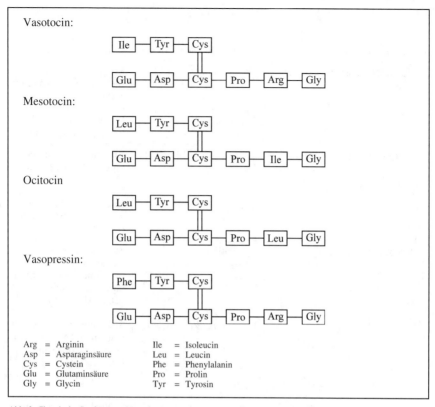

Vasotocin:

Mesotocin:

Ocitocin

Vasopressin:

Arg	=	Arginin	Ile	=	Isoleucin
Asp	=	Asparaginsäure	Leu	=	Leucin
Cys	=	Cystein	Phe	=	Phenylalanin
Glu	=	Glutaminsäure	Pro	=	Prolin
Gly	=	Glycin	Tyr	=	Tyrosin

Abb. 3: Chemische Struktur von Neurohormonen der Wirbeltiere

Lösungen

1 Nervensystem	Teil des Nervensystems	Funktion des Teils
Zentralnervensystem (ZNS)	Gehirn	Erregungsverarbeitung, Informationsspeicherung, Steuerung des Organismus
	Rückenmark	Reflexzentrum, Weiterleitung von Erregungen
Peripheres Nervensystem	afferente (sensible) Nerven	Erregungsübertragung von den Sinneszellen und -organen zum ZNS
	efferente (motorische) Nerven	Erregungsweiterleitung vom ZNS zu den Erfolgsorganen (Effektoren)
Vegetatives Nervensystem	Sympatikus	Steuerung der Automatismen der „Abwehrreaktionen" des Körpers, besonders deren energetische Absicherung
	Parasympatikus	Steuerung der Automatismen der „Erholungsvorgänge" des Körpers, besonders der Regenerierung der Energiereserven

2 Vasotocin, ein Neurohormon der Amphibien, Kriechtiere und Vögel, gehört chemisch zu
den Proteinen. Es wird zusammengesetzt aus zwei miteinander verbundenen Einzelketten,
wobei die eine aus drei, die andere aus sechs Aminosäuren besteht. Acht dieser neun
Aminosäuren sind verschieden. Über die in beiden Ketten jeweils einmal vorkommende
Aminosäure Cystein werden die beiden Einzelketten miteinander verknüpft.

3 Die vier dargestellten Neurohormone weisen grundsätzlich einen sehr ähnlichen Bau auf.
Alle bestehen aus jeweils zwei Teilketten mit jeweils drei und sechs Aminosäuren, die
über die beiden Cysteinmoleküle miteinander verbunden sind. In den kurzen Ketten stimmen
alle vier Neurohormone in der Aminosäurefolge ...-Tyr-Cys und in den langen Ketten
in der Folge Glu-Asp-Cys-Pro-...-Gly überein.
Unterschiede ergeben sich in den kurzen und langen Ketten lediglich in jeweils einer oben
mit ... gekennzeichneten Aminosäure. Somit unterscheiden sich Mesotocin und Ocitocin,
die beide als Kurzkettenbeginn Leucin besitzen, nur in der langen Kette durch Isoleucin
bzw. Leucin. Vasotocin beginnt in der kurzen Kette mit Isoleucin und hat in der Langkette
Arginin, Vasopressin verfügt über Phenylalanin und auch über Arginin. Mesotocin und
Ocitocin bzw. Vasotocin und Vasopressin unterscheiden sich also jeweils in einer Aminosäure,
Vasotocin und Mesotocin in zwei Aminosäuren.
Dies legt die Schlußfolgerung nahe, daß alle vier Hormone durch wenige Punktmutationen
im Laufe der Wirbeltierentwicklung aus einer Ursprungsform hervorgegangen sein könnten.

4   Die Synthese eines Neurohormons läuft prinzipiell wie jede Eiweißsynthese mittels Transkription und Translation ab, wie das folgende Schema zeigt.

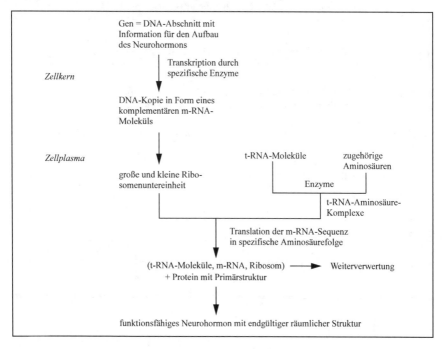

5   In der Verhaltensbiologie unterscheidet man angeborene und erworbene Verhaltensweisen. Eine Form des angeborenen Verhaltens sind **Reflexe**. Sie werden oft über das Rückenmark ausgelöst und laufen immer mit gleicher Intensität nach dem gleichen Muster über eine Nervenverschaltung in einem **Reflexbogen** ab.
Ein Beispiel ist der Kniescheibensehnenreflex.
Durch einen Schlag auf die über die Kniescheibe zum Schienbein führende Sehne des Oberschenkelmuskels, der das Bein streckt, wird der Muskel leicht gedehnt. Dies registrieren Dehnungsrezeptoren im Muskel, in denen sich daraufhin eine Erregung aufbaut, die über sensorische Nerven zum Rückenmark weitergeleitet wird. Von dort wird die Erregung auf motorische Neuronen umgeschaltet, die in motorischen Endplatten des Muskels enden und dort durch entsprechende Aktionspotentiale eine Muskelkontraktion bewirken, so daß das Bein nach vorne schnellt.

In den Gefäßen 1 bis 3 befinden sich drei unterschiedliche farblose Lösungen:
Eiklarlösung, Stärkelösung und Traubenzuckerlösung (Glucoselösung).

Untersuchen Sie, in welchem Gefäß sich welche Lösung befindet.
Fordern Sie die benötigten Geräte und Chemikalien schriftlich an.

Tragen Sie Ihre Untersuchungen und Ihre Untersuchungsergebnisse in eine Tabelle nach folgendem Muster ein

Lösung aus Gefäß Nr.	verwendetes Nachweismittel	Beobachtung	nachgewiesener Stoff
1			
usw.			

Fassen Sie Ihre Untersuchungsergebnisse übersichtlich zusammen. (BE 10)

Lösungen

In den genannten Proben sind Stärke, Traubenzucker und Eiweiß als nachweisbare Stoffe enthalten. Um diese nachzuweisen, benötigt man folgende Geräte und Chemikalien, die schriftlich anzufordern sind:
- für Stärke: Tüpfelplatte, Spatel, Pipette + Iodkaliumiodidlösung
- für Traubenzucker: Reagenzgläser, Pipetten, Reagenzglashalter, Brenner + Fehlingsche Lösung I und II, Wasser
- für Eiweiß: Tüpfelplatte, Pipette, Spatel + Salpetersäure (konz.)

Damit kann man die Untersuchungen durchführen, indem man die Lösungen in den drei Gefäßen jeweils auf Stärke, Traubenzucker bzw. Eiweiß untersucht.
Stärke zeigt bei Auftropfen von IKI-Lösung eine blauschwarze Färbung.
Traubenzucker löst durch seine reduzierende Wirkung beim Erhitzen mit Fehling I und II zu gleichen Teilen eine Farbreaktion aus (grün – orange – rotbraun).
Eiweiße verfärben sich unter Einwirkung der konzentrierten Salpetersäure gelb (Xantho-proteinreaktion).

Die Beobachtungen werden in einer Tabelle zusammengefaßt:

Lösung aus Gefäß Nr.	verwendetes Nachweismittel	Beobachtung	nachgewiesener Stoff
1	Salpetersäure	Gelbfärbung	Eiklarlösung
2	Salpetersäure	keine Reaktion	/
2	Fehlingsche Lösung	keine Reaktion	/
2	IKI-Lösung	blauschwarze Färbung	Stärkelösung
3	Salpetersäure	keine Reaktion	/
3	Fehlingsche Lösung	orange Färbung	Traubenzucker-lösung

Auswertung:

In den Gefäßen befanden sich:
Gefäß 1: Eiklarlösung;
Gefäß 2: Stärkelösung;
Gefäß 3: Traubenzuckerlösung.

Stellen Sie ein Frischpräparat der unteren Epidermis des vorliegenden Laubblattes her (Abzugspräparat).

Fertigen Sie von einem typischen Ausschnitt auf einem unlinierten A4-Blatt eine Zeichnung an und beschriften Sie diese.

Nach Fertigstellung der Zeichnung ist das Präparat (unter dem eingestellten Mikroskop) dem aufsichtführenden Fachlehrer vorzuweisen.

(BE 10)

Lösungen

Nach Anfertigen eines Abzugs-Frischpräparates der unteren Epidermis des vorliegenden Laubblattes wird auf weißem Papier eine mikroskopische Zeichnung mit Beschriftung der sichtbaren Zellen und Zellbestandteile angefertigt. Der Fachlehrer muß das Präparat eingesehen haben.

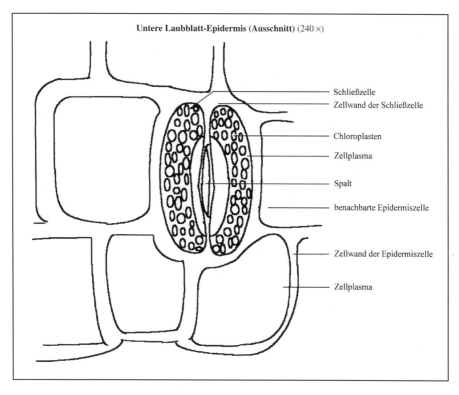

Untere Laubblatt-Epidermis (Ausschnitt) (240 ×)

- Schließzelle
- Zellwand der Schließzelle
- Chloroplasten
- Zellplasma
- Spalt
- benachbarte Epidermiszelle
- Zellwand der Epidermiszelle
- Zellplasma

Vorwiegend in Dörfern werden viele Hausdächer im Laufe der Zeit mehr und mehr von Algen, Moosen und Flechten besiedelt, welche wiederum die Lebensgrundlage zahlreicher einzelliger und vielzelliger Kleinlebewesen bilden. Unter den Moosen befindet sich auch das Dachzahnmoos *Tortula ruralis,* das wie die meisten Moosarten zu den wechselfeuchten Pflanzen gehört. Es bleibt also auch bei völligem Wasserverlust lebensfähig.

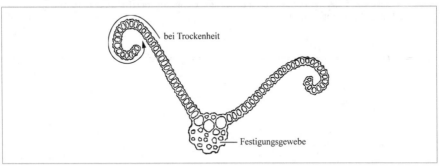

bei Trockenheit

Festigungsgewebe

Abb. 1: Schematischer Querschnitt durch ein Moosblättchen

1 Abbildung 1 zeigt einen schematischen Querschnitt durch ein Blättchen von *Tortula ruralis,* das sich in Abhängigkeit vom Wassergehalt (vom osmotischen Druck) einrollt bzw. entrollt.

1.1 Beschreiben Sie anhand der Abbildung den Aufbau dieses Moosblättchens.

1.2 Fertigen Sie auf einem unlinierten A4-Blatt eine schematische Zeichnung vom Querschnitt durch das Blatt eines Laubbaumes an. Beschriften Sie die Zeichnung. (6 BE)

2 Beschreiben Sie die Wasseraufnahme durch die Wurzel und die Wasserabgabe durch das Laubblatt einer Samenpflanze. (5 BE)

3 Erklären Sie den Zusammenhang zwischen Wasseraufnahme und Entrollen des Moosblättchens. (3 BE)

4 Das mit Moos besiedelte Hausdach stellt ein Ökosystem dar.

4.1 Erläutern Sie diese Aussage.

4.2 Nennen Sie zwei Faktoren, die auf die Besiedlung eines solchen Daches begrenzend wirken, und begründen Sie. (6 BE)

5   Einige Blätter eines Laubbaumes, die mehrere Stunden abgedunkelt waren, wurden gleichzeitig auf Ober- und Unterseite mit durchsichtiger, aber luftundurchlässiger Folie überzogen und anschließend längere Zeit belichtet. Der Stärkenachweis in den präparierten Blättern verlief negativ.

5.1 Beschreiben Sie, wie Stärke nachgewiesen werden kann.

5.2 Erklären Sie, warum in den präparierten Blättern keine Stärke enthalten war.

5.3 Begründen Sie, weshalb die Blätter zu Beginn des Versuches abgedunkelt wurden.

5.4 Welches Versuchsergebnis wäre zu erwarten, wenn nur die Blattoberseite mit der Folie überzogen würde?   (5 BE)

(25 BE)

Lösungen

1.1 Moose sind relativ wenig differenzierte Pflanzen.
So besteht das abgebildete **Moosblättchen** bis auf das Festigungsgewebe nur aus Blattgewebe, das sich aus einer einschichtigen Zellschicht zusammensetzt. Dort können sich
zwischen lebenden auch tote Zellen (Hyalozyten) befinden, die als Wasservorratsbehälter
dienen. Das vielzellige Festigungsgewebe liegt in der Blattmitte. Darin eingeschlossen
sind bei den Laubmoosen einfache Leitelemente für den Wasser- und Assimilattransport
(Hydroiden und Leptoiden), die sich in den Stängel fortsetzen. Die meisten lebenden
Zellen enthalten Chloroplasten mit Chlorophyll zur Durchführung der Fotosynthese, also
der autotrophen Assimilation.

1.2 Vom Querschnitt des Laubblattes ist auf einem weißen A4-Blatt eine schematische
Zeichnung anzufertigen. Dabei sollte auf die richtigen Größenverhältnisse sowie auf eine
Beschriftung der wichtigen Gewebe geachtet werden.

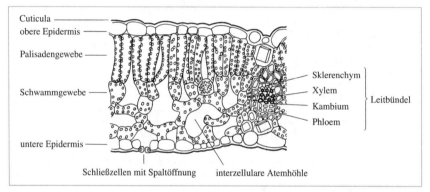

2 Samenpflanzen nehmen Wasser aus dem Erdboden mithilfe der **Wurzelhaarzellen** auf.
Die Zellwände der Wurzelhaarzellen sind unverkorkt und unverholzt, sodass Boden-
wassermoleküle sie ungehindert durchdringen können. Gleiches gilt für die semipermea-
blen Zellmembranen. Der Transport des Wassers in die Wurzelhaarzellen wird dadurch
bewirkt, dass im Inneren der Zelle im Zellplasma und Zellsaft der Vakuolen eine geringere Konzentration an Wasser durch eine höhere Konzentration an gelösten Stoffen (z. B.
Zucker) erzeugt wird als in der Umgebung der Zelle. In der Zelle befindet sich eine
hypertonische Lösung, im Boden die **hypotonische Lösung.** Dadurch werden mehr
Wassermoleküle durch die Membranen der Wurzelhaarzellen in die Zellen hineingesogen
als nach außen wandern, bis sich die Außen- und Innenkonzentrationen annähern. Die
Wasseraufnahme durch die Wurzelhaarzellen folgt also den Gesetzen der Osmose.
Samenpflanzen geben dosiert Wasser besonders über die Spaltöffnungen (Stomata) an die
Außenluft ab. Durch den **Transpirationssog** in der Sprossachse und den **Wurzeldruck**
wird der Wasserfluss in der Pflanze aufrechterhalten. Aus den Zellen des Blattinneren
tritt ständig Wasser im gasförmigen Zustand in die Zellzwischenräume (Interzellularen)
aus. Somit entsteht im Blattinneren eine höhere Wasserdampfkonzentration als außerhalb
des Blattes. Durch dieses Konzentrationsgefälle bewegen sich mehr Wassermoleküle
durch die geöffneten Spaltöffnungen des Blattes nach außen als umgekehrt. Dies geschieht über Diffusionsvorgänge.

Bei einigen Samenpflanzen feuchter Standorte, z. B. Frauenmantel, werden besonders morgens zur Unterstützung der Wasserabgabe zusätzlich Wassertropfen über Wasserdrüsen an den Blattspitzen und -rändern abgesondert. Dieser Vorgang heißt **Guttation**.

3 Bei genügend Feuchtigkeit, z. B. während eines Regens, nehmen die Zellen des Moosblättchens über **Osmosevorgänge** Wasser auf. Dadurch erhöht sich der Zellinnendruck, sodass die Zellen etwas gedehnt werden. Sind die Zellwände dann noch unterschiedlich dick, kommt es durch diese Wasseraufnahme zu einem Entrollen des Moosblättchens. Auch die Wasseraufnahme in die eventuell vorhandenen toten Wasserspeicherzellen kann im Sinne eines Aufquellens dieser Zellen zum Entrollen beitragen.

Durch diesen Vorgang wird zum einen möglichst viel Wasser für Trockenzeiten gespeichert, zum anderen vergrößert sich die Blattfläche, was die Fotosyntheseleistung bei ausreichendem Wasserangebot verbessert. Somit sind Moose an das Überdauern niederschlagsarmer Zeiten in ihrem Land-Lebensraum (z. B. Hausdach) angepasst.

4.1 **Ökosysteme** stellen Beziehungsgefüge der Lebewesen untereinander und mit ihrem jeweiligen Lebensraum dar. Gekennzeichnet sind sie durch eine Vielzahl abiotischer und biotischer Umweltfaktoren.
Ein Hausdach besitzt als wichtige **abiotische Faktoren** z. B. eine charakteristische Luft- und Untergrundtemperatur sowie eine typische Feuchtigkeit, eine u. a. von der Ausrichtung abhängige Lichtmenge, bestimmte Pflanzennährstoffe und eventuelle Humus- oder Bodenablagerungen.
Die **biotischen Faktoren** werden von ansässigen und sich nur zeitweise auf dem Dach aufhaltenden Lebewesen bestimmt. So gibt es ein Nahrungsgefüge aus im Text erwähnten Produzenten (z. B. Algen, Flechten und Moosen), Konsumenten (ein- und vielzelligen Kleinlebewesen sowie „Gästen", z. B. verschiedenen Insekten oder Vögeln). Auch einige Reduzenten (z. B. verschiedene Mikroorganismen) gehören dazu.

4.2 Faktoren, die auf die Besiedlung des Hausdaches begrenzend wirken, sind beispielsweise die Temperatur, die zur Verfügung stehende Wassermenge, der Nährstoffgehalt, die Dachbeschaffenheit und -bedeckung.
Die Dachbedeckung kann Bereiche (Vertiefungen, Dellen) liefern, in denen sich Erdmaterial ablagert, das für das Pflanzenwachstum notwendig ist.
Je nach Material der Eindeckung (z. B. dunkle Dachziegel oder Schilfrohr), unterscheiden sich auch die Oberflächentemperaturen und die gespeicherten Wassermengen. Auf einem sich stark aufheizenden Ziegeldach herrschen extremere Temperaturen und ein geringeres Wasserangebot als auf dem Schilfdach, sodass auf dem Ziegeldach an die Besiedler wesentlich höhere Ansprüche an Toleranzbereiche gegenüber Wasser und Temperatur gestellt werden und auf dem Schilfdach die größere Artenvielfalt anzutreffen ist.

5.1 Nach Zusatz von Iod-Kaliumiodidlösung zu stärkehaltigen Materialien entsteht durch eine chemische Nachweisreaktion die blaue bis schwarze Iodstärke. Dabei lagern sich I_3^--Gruppen in Einschlusskanäle der Amylose, einer Stärkekomponente neben dem Amylopektin, ein.
Laubblätter werden vor Zugabe der IKI-Lösung in Ethanol gekocht, um einen Teil des Chlorophylls herauszulösen, das die Sichtbarkeit der Blaufärbung behindern könnte.

5.2 Die Blätter wurden für den Versuch beidseitig mit einer durchsichtigen, luftundurchlässigen Folie überzogen. In den Blättern wird Assimilationsstärke aus dem in der Fotosynthese gebildeten Traubenzucker hergestellt. So werden die osmotischen Werte der Blattzellen nicht zu groß.

Für die Bildung dieser Stärke ist neben Wasser aus den Wurzeln und Lichtenergie auch das über die geöffneten Spaltöffnungen aufgenommene Kohlendioxid erforderlich. Da die Blattoberfläche aber luftundurchlässig überklebt ist, steht den chlorophyllhaltigen Blattzellen kein Kohlendioxid mehr zur Verfügung. Es kann kein Traubenzucker und damit auch keine Assimilationsstärke gebildet werden, sodass der Stärkenachweis negativ ausfallen muss.

5.3 Während der Nachtstunden wird in den Blattzellen gespeicherte Assimilationsstärke wieder in die Transportform Traubenzucker umgewandelt und in nicht fotosyntheseaktive Gewebe transportiert oder veratmet.

Um also sicherzugehen, dass sich keine vor Versuchsbeginn gebildete Stärke mehr in den Blättern befindet, wurden die Blätter zu Beginn mehrere Stunden abgedunkelt.

5.4 Hauptsächlich auf der Blattunterseite befinden sich bei den Laubbäumen die für die Kohlendioxidaufnahme und den restlichen Gasaustausch zuständigen Spaltöffnungen. Überzieht man nur die für den Verdunstungsschutz mit einer Cuticula versehene Blattoberseite mit der lichtdurchlässigen Folie, kann die Kohlendioxidaufnahme ungehindert fortgesetzt werden. Somit läuft die Fotosynthese normal weiter, was zur Traubenzucker- und Assimilationsstärkebildung führt.

Es wäre also nach dem Einlegen der Blätter in die Iod-Kaliumiodidlösung eine Blauschwarzfärbung im Blattgewebe als Nachweis für die Stärkebildung zu erwarten.

Im Volksglauben hieß es früher „Das Kind stirbt bald!", wenn die Stirn eines Kleinkindes beim Küssen salzig schmeckte. Der spanische Arzt Ruyzes beschrieb 1606 diese Erscheinung als Symptom einer Krankheit, die heute als Mukoviszidose oder Cystische Fibrose (CF) bekannt ist. In Europa ist CF die häufigste tödlich verlaufende genetisch bedingte Stoffwechselerkrankung. Die durchschnittliche Lebenserwartung der Betroffenen lag 1960 bei 5 Jahren, heute liegt sie bei 26 bis 28 Jahren.

Ursache der Mukoviszidose ist ein Gendefekt im Bereich eines Chromosoms, der zur Fehlproduktion eines Membranproteins führt. Dadurch kommt es in den schleimbildenden Drüsen zur Überproduktion zähflüssiger Sekrete, die vor allem die Funktionen von Lunge und Verdauungsorganen beeinträchtigen. Der zähe Schleim ist außerdem ein idealer Nährboden für zahlreiche Krankheitserreger.

Die Therapie zielt auf Linderung der Symptome und Verlängerung der Lebenserwartung. In den letzten Jahren wurde auch versucht, gentechnisch Vektoren mit „gesunder" DNA in Zellen der Nasenschleimhaut der Kranken zu übertragen.

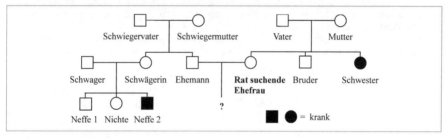

Abb. 2: Stammbaum einer CF-betroffenen Familie

1   Die Abbildung 2 zeigt den Stammbaum einer CF-betroffenen Familie, der in einer humangenetischen Familienberatungsstelle erarbeitet wurde. Analysieren Sie den Stammbaum:

1.1 Um welche Form des Erbganges handelt es sich bei CF? Begründen Sie Ihre Entscheidung.

1.2 Ermitteln Sie alle möglichen Genotypen bei folgenden Familienmitgliedern: Mutter, Schwester, Schwiegermutter, Schwägerin, Ehemann, Rat suchende Ehefrau.

1.3 Welche Antworten zu möglichen gesundheitlichen Risiken eigener Kinder hat die Rat suchende Frau in der genetischen Beratung aus der Stammbaumanalyse zu erwarten? Begründen Sie Ihre Aussagen.   (9 BE)

2   Erklären Sie den Zusammenhang zwischen dem beschriebenen Gendefekt und dem veränderten Membranprotein.   (4 BE)

3   Begründen Sie, weshalb den CF-Betroffenen regelmäßig Antibiotika verabreicht werden müssen und warum eine solche Dauerbehandlung auch Risiken in sich birgt.   (4 BE)

4   Beschreiben Sie die allgemeinen Arbeitsschritte zur Übertragung eines erwünschten Gens in eine andere Zelle.   (3 BE)
                                                                                                (20 BE)

Lösungen

1.1 Bei einem dominanten Erbgang muss jeweils ein Elternteil erkrankt sein, wenn die Erbrankheit bei den Kindern auftritt. Da aber weder Vater noch Mutter bzw. Schwager oder Schwägerin erkrankt sind, deren Kinder „Schwester" bzw. „Neffe 2" hingegen unter der **Cystischen Fibrose** leiden, handelt es sich um einen **rezessiven** Erbgang. Das heißt, es gibt ÜberträgerInnen mit einem defekten Gen (heterozygot) sowie MerkmalsträgerInnen mit jeweils zwei Gendefekten (homozygot).
Weil die Krankheit im männlichen und weiblichen Geschlecht gleichermaßen anzutreffen ist, dürfte die Vererbung **autosomal** über Körperchromosomen erfolgen.
Bei nur zwei Betroffenen ist diese Einschätzung aber nicht genau zu treffen und bedürfte weiterer Stammbaumanalysen.

1.2 B = gesundes Gen
b = verändertes CF-Gen

Die möglichen Genotypen sind:
Mutter: Bb
Schwester: bb
Schwiegermutter: BB oder Bb
Schwägerin: Bb
Ehemann: BB oder Bb
Rat suchende Ehefrau: BB oder Bb

1.3 Hier gibt es mehrere Varianten mit verschiedenen Prognosen.
Sind beide Eltern nicht an CF erkrankt und verfügen beide über die gesunden Gene (BB) oder ist nur ein Elternteil ÜberträgerIn (Bb), wird das Kind 100 %ig nicht an Mukoviszidose erkranken, könnte aber wieder ÜberträgerIn werden.
Für den Fall, dass beide Eltern ÜberträgerIn sind (beide Bb), bestünde eine 50 %ige Chance, dass das Kind gesund ist, aber eben auch eine 50 %ige Wahrscheinlichkeit für eine Erkrankung (bb).

2 Ursache für die Mukoviszidose ist ein Gendefekt auf zwei homologen Chromosomen des Menschen. Gene verschlüsseln Informationen zur Synthese von Eiweißen. Vom entsprechenden Gen der DNA wird eine mRNA-Kopie angefertigt. Diese wird an den Ribosomen durch Anlagerung komplementärer tRNA-Moleküle und die Verknüpfung der transportierten spezifischen Aminosäuren in das codierte Eiweiß übersetzt.
Eine veränderte Basenfolge der DNA führt zu einer veränderten mRNA und damit zu einer falsch eingebauten Aminosäure im Protein. Daraus ergibt sich dann eine Funktionsstörung oder ein Nichtfunktionieren des Proteins. Ist das Protein gestört, bewirkt das Veränderungen oder Fehlfunktionen in den Bereichen, denen das Protein zugeordnet ist.

3   Da die Cystische Fibrose eine übermäßige Produktion von zähem Schleim besonders in der Lunge und den Verdauungsorganen bewirkt und dieser Schleim ständiger Nährboden für die verschiedensten Krankheitserreger ist, müssen diese Erreger dauerhaft unterdrückt werden. Dazu benutzt man Antibiotika, die in relativ geringen Konzentrationen Bakterien abtöten oder an ihrer Vermehrung hindern. Dadurch wird das ansonsten zu stark geforderte Immunsystem der CF-Kranken entsprechend unterstützt.
Bakterien können sich aber nachweislich rasch an veränderte äußere Einflüsse, also z. B. die Anwesenheit eines Antibiotikums, durch Mutationen oder den wechselseitigen Austausch von Plasmid-Ringen anpassen. Somit besteht die Gefahr der Selektion resistenter Erreger, die durch die Gegenwart des Antibiotikums nicht mehr abgeschwächt werden. Erkrankungen trotz Medikamenteneinnahme und damit eine Schwächung des Allgemeinzustandes der Patienten wären die Folgen.
Dem kann man z. B. durch Medikamentenwechsel versuchen abzuhelfen.

4   **Genübertragungen** spielen inzwischen in vielen Bereichen der Biotechnologie, Züchtung und Humanmedizin eine Rolle. So könnte beispielsweise der Transfer von intakten CF-Genen bei den Patienten zur Linderung oder eventuellen Heilung führen.
Um ein Wunschgen in eine andere Zelle zu übertragen, ist eine bestimmte Schrittfolge erforderlich.
Zuerst muss dieses Gen isoliert und über die **Polymerase-Kettenreaktion** (PCR) vermehrt werden. Anschließend wird das Gen mit einem geeigneten Vektor zur Übertragung verbunden. Bei Bakterien sind dies häufig bestimmte Plasmid-Ringe. Die Vektoren werden beim eigentlichen **Gen-Transfer** in die Zelle eingeschleust und damit Bestandteil der zelleigenen Erbinformation.
Die Vektoren müssen zur Erfolgskontrolle mit einem Marker versehen werden. Dieser ermöglicht die anschließende Isolierung der Zellen mit erfolgreichem Transfer, damit diese dann für eine weitere Verwendung z. B. im Bioreaktor oder bei einer Reimplantation zur Verfügung stehen.

Grundkurs Biologie (Sachsen): Abiturprüfung 1998
Aufgabe C 1: Stärkeabbau

1 Untersuchen Sie jeweils etwa 2 ml der vorgegebenen Lösungen „A" und „B" auf das Vorhandensein von Stärke und Glucose (oder andere reduzierende Zucker). Die benötigten Nachweismittel sind schriftlich anzufordern.

2 Geben Sie in das Gefäß, in dem Sie in der Lösung Stärke nachweisen konnten, etwa 1 ml von der zweiten Lösung hinzu. Schütteln Sie mindestens 2 Minuten intensiv.

3 Führen Sie mit dem Gemisch die Nachweise erneut durch.

4 Protokollieren Sie Ihre Beobachtungen und ziehen Sie Schlussfolgerungen hinsichtlich der Stoffe „A" und „B" und der bei Aufgabe 2 erfolgten chemischen Reaktion.

5 Erläutern Sie die Bedeutung der beiden Stoffe für den Menschen.
Nennen Sie drei Bedingungen, welche die bei Aufgabe 2 ablaufende Reaktion im menschlichen Körper beeinflussen können.

(15 BE)

Lösungen

Der Stärkenachweis erfolgt durch Zugabe von **Iod-Kaliumiodid-Lösung** zur Probelösung. Es entsteht eine Blau-Schwarz-Färbung durch Bildung von Iodstärke.
Zum Nachweis reduzierender Zucker gibt man zur Probelösung in ein Reagenzglas **fehlingsche Lösung I und II** zu gleichen Teilen und erhitzt das Gemisch vorsichtig (Achtung Siedeverzug!). Ein ziegelroter Niederschlag zeigt die Gegenwart einer Zuckerverbindung mit Aldehydgruppe an.

Protokoll:

Durchführung, Beobachtungen und Schlussfolgerungen (1. bis 4.):

Lösung A + IKI-Lösung:	Dunkelblaufärbung, also Stärke
Lösung A + Fehling I und II:	keine Verfärbung, also kein reduzierender Zucker in der Lösung
Lösung B + IKI-Lösung:	keine Färbung, also keine Stärke
Lösung B + Fehling I und II:	keine Färbung, also keine reduzierenden Zucker

Mischung von Lösung A mit 1 ml Lösung B und 2 Minuten kräftig schütteln.

Produkt + IKI-Lösung:	keine oder geringe Färbung, also keine oder wenig Stärke
Produkt + Fehling I und II:	ziegelroter Niederschlag, also Anwesenheit reduzierender Zucker

Durch die Gegenwart von Lösung B wurde Stärke offensichtlich in reduzierende Zucker umgewandelt. Das lässt die Schlussfolgerung zu, dass Lösung B ein Enzym zur Stärkespaltung, z. B. Amylase, enthält.

5 **Stärke** ist ein Hauptlieferant für die Deckung des menschlichen Tagesbedarfs an Glucose. Aufgenommen wird sie vor allem über Nahrungsmittel pflanzlicher Herkunft, z. B. Back- und Teigwaren.
Da Stärke zu über 70 % aus wasserunlöslichen Makromolekülen (Amylopektin) besteht, bedarf es im Verdauungstrakt stärkespaltender Enzyme (z. B. **Amylase** des Mundspeichels), die die Spaltung in wasserlösliche Zucker, die ins Blut übergehen können, katalysieren.
Sind die Spaltprodukte ins Blut gelangt, können sie in alle Organe des Menschen transportiert werden. Die meisten Zuckermoleküle werden in den Zellen zur Erzeugung chemischer Energie mittels der Zellatmung in den Mitochondrien verwendet.
Da die Stärkespaltung im Rahmen der Verdauung schubweise erfolgt, der Gehalt an Spaltprodukten (Blutzuckerspiegel mit 70–100 mg Glucose/100 ml Blut) im Blut aber konstant sein muss, erfolgt dessen Regulierung durch zwei von den langerhansschen Inseln der Bauchspeicheldrüse gebildete Hormone. Diese Hormone, Insulin und Glucagon, regulieren den Kohlenhydratstoffwechsel über die Leber.
Bei erhöhtem Glucosegehalt werden durch Wirken von Insulin Traubenzuckermoleküle enzymatisch in tierische Stärke **(Glykogen)** umgewandelt und in dieser Form gespeichert.
Dieses Speicher-Glykogen wird bei Absinken des Blutzuckerspiegels, z. B. bei körperlicher Tätigkeit, durch Wirken von Glucagon wieder enzymatisch in Glucosemoleküle zerlegt.
Der Mensch benötigt Stärke also vorrangig als Traubenzuckerlieferant und baut aus überschüssigem Traubenzucker den Speicherstoff Glykogen auf.

Enzymreaktionen sind von verschiedenen Reaktionsbedingungen abhängig, z. B. dem pH-Wert. So arbeitet die Amylase im Mundspeichel im leicht basischen Milieu, wird durch die Zugabe von Magensäure aber unwirksam.

Die Konzentration an Enzym bzw. Substrat beeinflusst die Umwandlungsgeschwindigkeit. So behindern sich Substratmoleküle gegenseitig beim Anbinden an das aktive Zentrum des Enzyms, wenn eine zu hohe Substratkonzentration herrscht. Auf eine erhöhte Substratkonzentration kann der Körper durch stärkere Enzymbildung reagieren, sodass die Umsatzgeschwindigkeit erhöht wird.

Weiterhin können z. B. chemische Substanzen aus Medikamenten zu kompetitiven und nicht kompetitiven Hemmungen führen.

Enzymgifte wie Schwermetall-Ionen bedingen Denaturierung der Enzymproteine.

– Untersuchen Sie die untere Epidermis des vorliegenden Laubblattes unter dem Mikroskop auf Zelldifferenzierungen.

– Zeichnen Sie zwei unterschiedlich gestaltete Zellen (auf ein unliniertes A4-Blatt) und beschriften Sie die Zeichnung.

– Nach Fertigstellung der Zeichnung ist das eingestellte Präparat dem Aufsicht führenden Fachlehrer vorzuweisen.

– Vergleichen Sie die beiden Zelltypen.

– Begründen Sie, weshalb alle Zellen eines Laubblattes in ihrem Zellkern die gleichen Erbinformationen enthalten.

– Erklären Sie, warum trotzdem die Zellen unterschiedlich gebaut sind und verschiedene Aufgaben erfüllen können.

(15 BE)

Lösungen

Es wird z. B. ein Abzugspräparat als Frischpräparat angefertigt, ein optimaler Ausschnitt unter dem Mikroskop eingestellt und eine Zeichnung von zwei verschiedenen Zellen, z. B. Schließ- und Epidermiszelle, angefertigt.

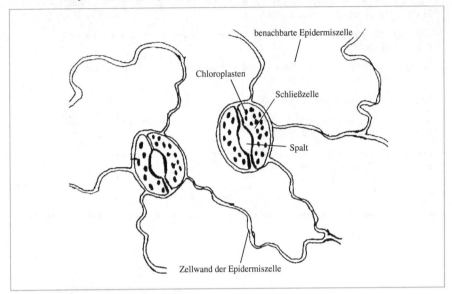

Untere Epidermis des Laubblattes, 400-fach vergrößert

Ein Vergleich der beiden Zelltypen, der Schließ- und Epidermiszellen, ergibt: Beide Zellen verfügen über typische Zellbestandteile wie Zellwand, Zellmembran und Zellplasma. Schließzellen und Epidermiszellen unterscheiden sich aber in ihrer Form und Größe, außerdem besitzen nur die Schließzellen Chloroplasten.

Aus den Bauunterschieden ergeben sich Unterschiede in der Funktion. Die Epidermiszellen dienen dem Schutz und Abschluss des Blattes und können wegen des Fehlens von Chloroplasten keine Fotosynthese betreiben.

Die Schließzellen ermöglichen durch die Fotosynthese der Chloroplasten Zellinnendruckveränderungen, die zur Variation der Öffnung des Spaltes und somit zur Regulation des Gasaustausches und damit auch der Wasserdampfabgabe führen.

Alle Zellen eines Lebewesens gehen auf eine Zelle zurück. Bei der ungeschlechtlichen Vermehrung ist dies eine Mutterzelle, bei der geschlechtlichen Fortpflanzung ein Verschmelzungsprodukt, also meist eine befruchtete Eizelle. Diese eine Zelle vervielfältigt sich über viele **mitotische Zellteilungen.** Dabei wird die Erbsubstanz der Chromosomen für die Aufteilung zu **Zwei-Chromatid-Chromosomen** verdoppelt. Bei der anschließenden Aufteilung über den Mitose-Spindelapparat werden diese Zwei-Chromatid-Chromosomen in Einzelchromatiden aufgetrennt, sodass jede entstehende Tochterzelle die gleiche komplette Erbinformation erhält und diese wiederum an die aus ihr entstehenden Tochterzellen weitergeben kann. Auf diese Weise enthält also jede Tochterzelle in ihrem Zellkern die gleiche Erbinformation.

Trotzdem entwickeln sich unterschiedliche Zellformen für verschiedene Gewebe in einem Lebewesen. Außer den Genen gibt es in der DNA nämlich Bereiche für die Aktivierung bzw. Inaktivierung von Genen gibt. Je nachdem, wie diese Bereiche an- bzw. ausgeschaltet sind, bildet die Zelle andere Proteine aus, die zu unterschiedlichem Bau oder zu anderen Funktionen führen.

Algen dienen nicht nur für größere Lebewesen als Nahrung, sondern können auch von Einzellern befallen werden.

So bohren bestimmte Panzergeißler vielzellige Algen mit einem Rohr an und verdauen sie. Ein hundertstel Millimeter große geißeltragende Einzeller (Flagellaten) schlürfen bis zu 50 mal größere Kieselalgen (Bestandteil des Phytoplanktons) aus und vermehren sich dabei. Sie befallen sehr wirtsspezifisch nur bestimmte Arten. Das Zellplasma der Kieselalgen ist mit einer Kieselmineralschale, die aus zwei Hälften besteht, geschützt. An der schwächer verkieselten Verbindungsstelle (Gürtelband) infizieren die meisten Schmarotzer ihre Opfer. Danach saugt der farblose Flagellat Cryothecomonas aestivalis den gesamten Inhalt der Wirtszelle aus. Anschließend teilt er sich mehrfach und die Tochterzellen suchen neue Wirte. Bereits infizierte Algen werden zumeist mehrfach befallen. Die Flagellaten, die sich sonst geradlinig bewegen, wechseln ruckartig die Richtung, wenn sie in die Nähe ihres „Opfers" kommen. Das deutet auf eine chemische Wahrnehmung ähnlich dem Geruch hin.

Infektionen sind meist während der zweiten „Algenblüte" im Herbst bei über 50 % der Algen zu beobachten, wenn die Wassertemperatur über 15 °C beträgt. Im Frühjahr bei niedrigen Temperaturen treten sie dagegen kaum auf (s. Abb. 1).

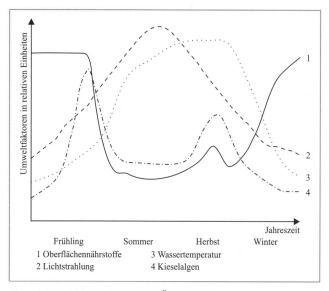

Abb. 1: Jahreszeitliche Veränderungen im Ökosystem Meer

1 Werten Sie die in Abb. 1 dargestellten jahreszeitlichen Veränderungen im Ökosystem Meer aus. (4 BE)

2 Definieren Sie die im Text beschriebene Form des Zusammenlebens von Organismen und erklären Sie die Angepasstheit der o. g. Lebewesen an diese Lebensweise. (4 BE)

3 Nennen Sie lichtmikroskopisch sichtbare Bestandteile, die eine Kieselalgenzelle besitzen muss. Ordnen Sie den Bestandteilen Funktionen zu.
Fertigen Sie dazu eine Tabelle an. (4 BE)

4 Wie gelangen die beschriebenen Kieselalgen und Flagellaten zu Energie und körpereigenen Stoffen?
Ordnen Sie Ihre Ausführungen (ohne Formeln und Gleichungen) nach Gemeinsamkeiten und Unterschieden. (8 BE)

5 Stellen Sie den Kohlenstoff-Kreislauf eines Ökosystems schematisch dar. (5 BE)
(25 BE)

Lösungen

1 In der Grafik sind verschiedene Umweltfaktoren in Abhängigkeit von der Jahreszeit dargestellt. Man erkennt, dass die Entwicklung der autotroph lebenden Kieselalgen von diesen
Faktoren beeinflusst wird.
Bedingt durch das gute Nährstoffangebot, die steigende Lichtmenge und Temperatur vermehren sich die Kieselalgen im Frühjahr sehr stark.
Sie verbrauchen extrem viele Nährstoffe, so dass die Populationsdichte im Sommer stark
zurückgeht, obwohl Temperatur und Lichteinstrahlung ihr Optimum erreichen. Der Nähr-
stoffgehalt wirkt als wachstumsbegrenzender Faktor. Die Konzentration der Oberflächen-
nährstoffe steigt im Spätsommer leicht an, was einen erneuten Anstieg der Individuenzahl
bei den Kieselalgen nach sich zieht.
Im Spätherbst und im Winter nimmt die Menge der Kieselalgen deutlich ab, sinkende
Temperaturen und verringerte Lichteinstrahlung setzen die Stoffwechselaktivität herab.
Die RGT-Regel wird bestätigt. Sie besagt, dass eine Temperaturerhöhung um 10 K die
Reaktionsgeschwindigkeit von Stoffwechselvorgängen um das Zwei- bis Dreifache
beschleunigt. Diese Beziehung ist vor allem für Organismen von Bedeutung, deren Eigen-
temperatur von der Außentemperatur abhängt.

2 Die Vergesellschaftung zwischen Flagellaten und den Kieselalgen wird als **Parasitismus**
bezeichnet.
Organismen, die sich von anderen Lebewesen ernähren, ohne sie gleichzeitig zu töten,
nennt man Parasiten oder Schmarotzer.
Parasiten zeigen besondere **Angepasstheiten** an ihre Lebensweise, die sich z. B. auf
Methoden der Nahrungssuche und Nahrungsaufnahme beziehen und es sind bestimmte
Fortpflanzungsstrategien entwickelt.
– Die Flagellaten leben heterotroph und benötigen organische Stoffe, die sie ihren Wirten,
den Kieselalgen, entziehen.
– Sie können offenbar chemische Reize, die von den Kieselalgen ausgehen, wahrnehmen,
denn sie ändern in der Nähe ihrer Opfer ruckartig ihre Bewegungsrichtung.
– Sie befallen den Wirt an seiner empfindlichsten Stelle. Kieselalgen sind durch ein
Außenskelett, eine zweiteilige Kieselmineralschale, geschützt.
Am Gürtelband, einer schwach verkieselten Verbindungsstelle, infizieren die Schma-
rotzer ihre Wirte und saugen den Zellinhalt aus.
– Danach erfolgt eine rasche Vermehrung der Parasiten, sie nutzen das ausreichende Nah-
rungsangebot damit sofort aus.

3 Kieselalgen gehören zum Phytoplankton, sie besitzen typische Zellorganelle einer Pflanzenzelle.

Bestandteile	Funktionen
Zellwand (Pektinmembran mit Kieselsäurepanzer)	Schutz, Formgebung
Chromatophoren mit Chlorophyll a, ß-Karotin, Xanthophyllen	Fotosynthese
Zellkern	Träger der Erbinformation
Zellplasma	Ablauf der Stoffwechselvorgänge Stofftransport

4 Kieselalgen sind **autotroph** lebende Organismen. Sie sind in der Lage, mithilfe von Chlorophyll Sonnenlicht zu absorbieren und anorganische Stoffe (Wasser und Kohlendioxid) in energiereiche organische Stoffe (Glukose) umzuwandeln. Sie betreiben Fotosynthese.

Die gebildeten organischen Stoffe werden in den Mitochondrien im Prozeß der Zellatmung in chemische Energie umgesetzt. Diese ATP-Energie dient u. a. dem Aufbau der anderen körpereigenen organischen Stoffe.

Flagellaten leben **heterotroph**, d. h. sie entziehen ihrem Wirt energiereiche organische Stoffe.

Auch sie erzeugen ATP-Energie über die Zellatmung und setzen dabei einen Teil der aufgenommenen Stoffe unter Energiegewinn zu Kohlenstoffdioxid und Wasser um.

Mithilfe dieser Energie wandeln sie organische Stoffe, die von ihrem Wirt stammen, in körpereigene organische Stoffe um.

Kieselalgen betreiben **autotrophe Kohlenstoffassimilation** während Flagellaten zu **heterotropher Assimilation** fähig sind.

Beide Organismen gewinnen chemisch gebundene Energie durch Zellatmung und bilden die Baustoffe ihrer Zellen selbst.

5 Kohlenstoffkreislauf

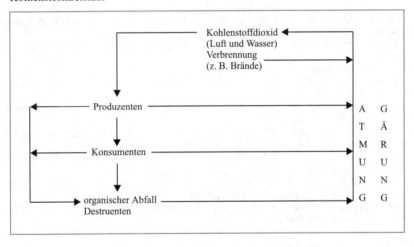

In den warmen Regionen der Erde infizieren sich jährlich 300 bis 500 Millionen Menschen mit Plasmodien, den Erregern der Malaria. Eine Infektion führt zu schweren Erkrankungen, oft endet sie tödlich.

Zur ungeschlechtlichen Vermehrung dringen die Erreger in rote Blutkörperchen ein und verändern diese. Sie verstopfen dadurch Kapillaren, was unter anderem zu Nierenversagen oder Gehirnschädigungen führen kann.

Der Verlauf der Infektion wird von verschiedenen Faktoren beeinflusst, wie z. B. der Zahl und der Art der aufgenommenen Erreger, dem Alter und dem Allgemeinzustand des Patienten oder einer genetischen Veranlagung.

Seit langem ist bekannt, dass mischerbige (heterozygote) Träger des Sichelzell-Gens (Ursache der Sichelzellanämie) weniger schwer an Malaria erkranken, während reinerbige (homozygote) Träger meist vor Erreichen der Geschlechtsreife sterben. Diese Tatsache hat zu einer weiten Verbreitung des Sichelzellallels besonders in Afrika geführt. Bei den Betroffenen kommt es zu einer Strukturveränderung des Hämoglobins, hervorgerufen durch eine Veränderung im DNA-Strang des Gens, das die Hämoglobinbildung codiert. Daraus kann sich eine schlechtere Sauerstoffversorgung und eine verminderte Leistungsfähigkeit ergeben.

An der Eindämmung der Malaria-Erkrankungen wird in verschiedenen Forschungsobjekten weltweit gearbeitet. So versucht man, die gentechnische Herstellung reiner Antigene zur aktiven Immunisierung ebenso voran zu bringen, wie die Produktion von antikörperhaltigem Serum (passive Immunisierung).

1 Entwickeln Sie mit Hilfe der Abb. 2 und 3 die mRNA- und die Aminosäuresequenzen für normale Hämoglobinbildung und für Hämoglobinbildung bei Sichelzellanämie.
Nennen Sie einen Unterschied bei den DNA-Sequenzen und erklären Sie dessen Folgen. (7 BE)

2 Definieren Sie die Begriffe Antigen und Antikörper. (2 BE)

3 Geben Sie in einem Schema (Fließbild) wesentliche Schritte an, die notwendig sind, um Plasmodien-Antigene gentechnologisch zu produzieren. (2 BE)

4 Erklären Sie die Tatsache des verstärkten Auftretens des Sichelzellallels in Malariagebieten aus evolutionsbiologischer Sicht. (3 BE)

5 Zeichnen und beschriften Sie eine Synapse aus dem Gehirn des Menschen. (3 BE)

6 Begründen Sie eine Auswirkung, die die Verstopfung der Blutkapillaren und damit eine verminderte Sauerstoffversorgung auf die Erregungsübertragung haben kann. (3 BE)
(20 BE)

– für normale Hämoglobinbildung:
3' TACCAGGTAAATTGAGGGCTCCTC ...5'
– für Hämoglobinbildung bei Sichelzellanämie:
3' TACCAGGTAAATTGAGGGCACCTC ...5'

Abb. 2: Ausschnitt aus dem DNA-Strang

Erste Base	Zweite Base				Dritte Base
5'-Ende	U	C	A	G	3'-Ende
U	Phe	Ser	Tyr	Cys	U
	Phe	Ser	Tyr	Cys	C
	Leu	Ser	„Stop"	„Stop"	A
	Leu	Ser	„Stop"	Trp	G
C	Leu	Pro	His	Arg	U
	Leu	Pro	His	Arg	C
	Leu	Pro	Gln	Arg	A
	Leu	Pro	Gln	Arg	G
A	Ile	Thr	Asn	Ser	U
	Ile	Thr	Asn	Ser	C
	Ile	Thr	Lys	Arg	A
	Met (Start)	Thr	Lys	Arg	G
G	Val	Ala	Asp	Gly	U
	Val	Ala	Asp	Gly	C
	Val	Ala	Glu	Gly	A
	Val	Ala	Glu	Gly	G

Abb. 3: Der genetische Code der RNA

Lösungen

1 Durch RNA-Polymerase wird die Bildung von mRNA bei der Transkription nur in 5' – 3'-Richtung katalysiert. Zu beachten ist, dass z. B. aus dem DNA-Triplett AAC das mRNA-Codon UUG wird, da die Base Thymin durch Urazil ersetzt wird.

mRNA-Sequenz für Normal-Hämoglobin:

5'	AUG	GUC	CAU	UUA	ACU	CCC	**GAG**	GAG	3'

Aminosäuresequenz für Normal-Hämoglobin:

	Met	Val	His	Leu	Thr	Pro	**Glu**	Glu

mRNA-Sequenz für Hämoglobin S:

5'	AUG	GUC	CAU	UUA	ACU	CCC	**GUG**	GAG	3'

Aminosäuresequenz für Hämoglobin S:

	Met	Val	His	Leu	Thr	Pro	**Val**	Glu

Es ist zu erkennen, dass bis auf eine Base eine vollständige Übereinstimmung besteht. Im vorletzten Triplett ist Thymin durch Adenin ersetzt, an dieser Stelle steht im Polypeptid anstelle von Glutaminsäure die Aminosäure Valin.

Es liegt hier eine Punktmutation vor. Eine einzige Abweichung in der DNA-Struktur führt zu einer Veränderung der mRNA und dadurch zur Anlagerung einer anderen Aminosäure bei der Translation.

Es entsteht ein Polypeptid mit veränderter Aminosäuresequenz, das hat Auswirkungen auf die Proteinstruktur. Es bildet sich die charakteristische Sichelform bei homozygot Kranken heraus. Die Sichelzellanämie ist ein Beispiel dafür, welche schwerwiegenden Folgen der Austausch einer einzigen Base in der DNA haben kann.

2 Ein **Antigen** ist ein Makromolekül, das vom Körper als „fremd" erkannt wird und das Abwehrreaktionen auslösen kann.

Bakterienmembranen und Hüllen von Viren tragen Polysacharide oder Proteine, die spezifische Oberflächenstrukturen besitzen.

Antikörper sind vom Immunsystem gebildete Proteine, die charakteristische Oberflächenstrukturen eines Antigens erkennen und sich an diese anheften.

3 Das Schema (S. 99-8) zeigt wesentliche Schritte, die notwendig sind, um **Plasmodien-Antigene** zu produzieren:

Isolierung des Gens für Antikörperbildung aus Plasmodien-DNA

↓

Einbau des Gens in Vektor (z. B. Plasmid)

↓

Einbau eines Resistenzgens

↓

Einschleusen des Plasmids in Bakterienzellen

↓

Vermehrung der Bakterien

↓

Isolation der Bakterien mit erfolgreichem Gentransfer

↓

Mikrobiologische Impfstoffproduktion

↓

Abtrennen der Antigene

↓

Impfserum

4 Menschen mit normaler Hämoglobinbildung haben in Malariagebieten einen **Selektions-nachteil**. Viele Erkrankungen, gerade im Kindesalter, enden tödlich, so dass die intakten Gene nicht in die Folgegenerationen eingebracht werden können. Heterozygote Träger des Sichelzellallels erkranken weniger schwer an Malaria, besitzen also einen **Selektions-vorteil**. Sie geben das veränderte Allel in die Folgegeneration weiter. So kommt es zu einer **Anreicherung des Sichelzellallels** in der Population.

5 Der Neurit einer Nervenzelle verzweigt sich am Ende häufig in viele kleine Fasern. Das Ende erweitert sich zu einem kugeligen Endknöpfchen, das sich an die Membran eines anderen Nervenzellkörpers oder eines Dendriten anlegt. Diesen Komplex nennt man **Synapse**.

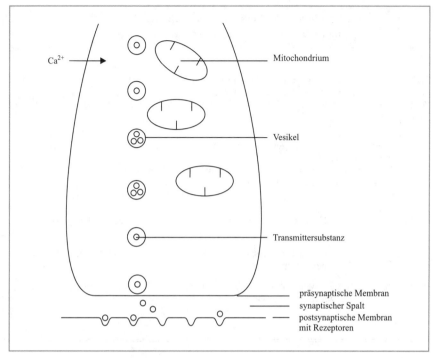

Ca²⁺ — Mitochondrium

Vesikel

Transmittersubstanz

präsynaptische Membran
synaptischer Spalt
postsynaptische Membran
mit Rezeptoren

Schematische Zeichnung einer Synapse

6 Verschiedene Vorgänge, die bei der Erregungsübertragung eine Rolle spielen, benötigen **chemisch gebundene Energie**. Dazu gehören z. B. die Synthese neuer Transmitter aus Spaltprodukten oder der aktive Rücktransport von Transmitterbaustoffen durch die Biomembran.

Die Energie wird im Prozeß der Zellatmung in den Mitochondrien freigesetzt. Mithilfe von Sauerstoff werden organische Stoffe oxidiert. Steht durch eine Verstopfung der Blutkapillaren nicht genügend Sauerstoff zur Verfügung, fehlt es an ATP-Energie, und es kann nicht ausreichend Transmittersubstanz nachgebildet werden. Dies führt zur Störung der Erregungsleitung.

Neben Mais und Hirse ist Reis die wichtigste Getreidepflanze der Tropen und Subtropen. Er stellt ein Hauptnahrungsmittel dieser Region dar.

Auch in unseren Breiten wird Reis als Grundbestandteil einer gesunden Ernährung immer mehr geschätzt.

1 Untersuchen Sie den vorliegenden Reis auf das Vorhandensein von Kohlenhydraten und Eiweißen.

Die benötigten Geräte und Chemikalien müssen auf einem gesonderten Blatt beim Aufsicht führenden Fachlehrer angefordert werden.

Achten Sie während des Experimentierens auf Einhaltung der Arbeitsschutzbestimmungen. (3 BE)

Protokollieren Sie Durchführung, Beobachtung und Auswertung der Versuchsergebnisse. (5 BE)

2 Begründen Sie, dass Ausdauersportler eine besonders kohlenhydrat- und eiweißreiche Kost benötigen. (3 BE)

3 Beschreiben Sie die Verdauung von Stärke beim Menschen unter Berücksichtigung der dabei wirkenden Enzyme. (4 BE)

(15 BE)

Lösung

1 Es sind folgende Geräte und Chemikalien anzufordern:

Reagenzgläser	Jod- Kaliumiodidlösung
Tüpfelplatte	Fehlingsche Lösung I und II
Brenner	konzentrierte Salpetersäure
Reagenzglashalter	oder Natronlauge und
Reagenzglasständer	Kupfer (II)-sulfatlösung

Protokoll:

Durchführung:	*Beobachtung:*
– Reiskörner mit Kaliumioditlösung versetzen	dunkelblaue Farbreaktion an den Reiskörnern
– Reiskörner mit frisch bereiteter Fehlingscher Lösung versetzen, erwärmen	keine deutlich sichtbare Farbreaktion an den Reiskörnern
– Reiskörner + einige Tropfen konzentrierter Salpetersäure	gelbe Farbreaktion an einigen Stellen des Kornes
oder	
– Reiskörner mit 1 ml Natronlauge + 1 ml Kupfersulfatlösung versetzen	blau-violette Farbreaktion

Auswertung: Reis enthält Stärke und Proteine

2 **Kohlenhydrate** liefern schnell verwertbare Energie, die vorallem beim Abbau von Glukose bei Dissimilationsprozessen gewonnen wird.
Proteine dienen zum Aufbau des Muskelgewebes. Sie sind außerdem als Enzyme für alle Stoffwechselreaktionen verantwortlich.

3 **Stärkeverdauung** beginnt in der Mundhöhle, Amylasen spalten die Makromoleküle zu Disacchariden. Im Dünndarm wirken Maltase und Amylase und zerlegen die größeren Moleküle zu Monosacchariden. Wasserlösliche Glukosemoleküle werden durch die Darmwand ins Blut aufgenommen, dieser Vorgang heißt **Resorption**.

1 Schaben Sie mit einem Streichholz ohne Kuppe vorsichtig über die Mund-
schleimhaut ihrer Mundhöhle.
Stellen Sie von dem erhaltenen Zellmaterial der Mundschleimhaut ein Frisch-
präparat her und färben Sie es vor dem Aufbringen des Deckgläschens mit
einem Tropfen Methylenblau an.
Betrachten Sie das Präparat unter dem Mikroskop.
Fertigen Sie eine mikroskopische Zeichnung von einer Zelle an und
beschriften Sie diese.
Nach Fertigstellung der Zeichnung ist das Präparat unter dem Mikroskop dem
Aufsicht führenden Fachlehrer vorzuweisen. (5 BE)

2 Fertigen Sie ein Frischpräparat von einem Blatt der Wasserpest an.
Betrachten Sie das Präparat unter dem Mikroskop.
Zeichnen Sie eine Zelle und beschriften Sie diese.
Nach Fertigstellung der Zeichnung ist das Präparat unter dem Mikroskop dem
Aufsicht führenden Fachlehrer vorzuweisen. (5 BE)

3 Ordnen Sie die mikroskopisch sichtbaren Zellbestandteile beider Präparate in
einer Tabelle nach Gemeinsamkeiten und Unterschieden. (2 BE)

4 Beschreiben Sie den elektronenmikroskopischen Aufbau eines Chloroplasten.
Nennen Sie dessen Funktion. (3 BE)

(15 BE)

Lösung

1 Ein Frischpräparat von der Mundschleimhaut ist anzufertigen und unter dem Mikroskop zu beobachten.

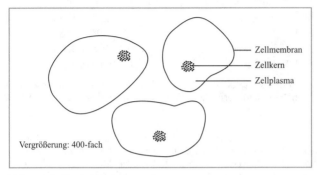

Zellen aus der Mundschleimhaut

2 Ein Frischpräparat von der Wasserpest ist anzufertigen und unter dem Mikroskop zu beobachten.

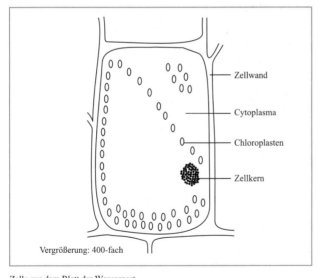

Zelle aus dem Blatt der Wasserpest

3 Vergleich beider Zellen:

	Zelle aus Wasserpest	Zelle aus Mundschleimhaut
Gemeinsamkeiten	Zellplasma, Zellkern und Zellmembran sind in Pflanzen- und Tierzelle vorhanden	
Unterschiede	Zellwand	keine Zellwand, nur Zellmembran
	Chloroplasten	keine Chloroplasten
	Vakuolen	keine Vakuolen

Schlussfolgerung: beide Zellen sind eukaryontische Zellen. Sie stimmen in wesentlichen Merkmalen überein. Pflanzliche und tierische Zellen haben auch charakteristische Unterschiede.

4 **Chloroplasten** sind von einer Doppelmembran umgeben. Durch Einwirkung von Licht kommt es schon bei den Proplastiden zur Einstülpung der inneren Membran. Diese in das Stroma hineinreichenden Bereiche heißen Stromathylakoide. Mehrfach geldrollenartig übereinander geschichtete Membranen nennt man Granathylakoide. In die Thylakoidmembranen sind die Farbstoffe Chlorophyll und Carotin eingelagert, so dass in der Membran die Bildung organischer Stoffe erfolgen kann. Diese werden in Form von Stärkekörnern zunächst im Stroma gelagert. Lipidtropfen und Ribosomen befinden sich neben ringförmigen DNA-Molekülen ebenfalls im Stroma.
In den Chloroplasten läuft die **Fotosynthese** ab.

Kartoffeln, Hirse, Reis, Ölpflanzen (z. B. Sonnenblumen) und Zucker speichernde Pflanzen wie Zuckerrüben und Zuckerrohr sind weltweit wichtige Nahrungslieferanten. In der Löbauer Zuckerfabrik beginnt die Verarbeitung von Zuckerrüben Anfang Oktober. Im Jahr 1999 sollten in 98 Tagen 195 000 Tonnen Rüben verarbeitet werden. Erwartet wurde eine Zuckermenge (Saccharose) von 33 000 Tonnen.
1998 wurden 190 000 Tonnen Rüben verarbeitet und 29 500 Tonnen Zucker gewonnen.
Eine Ursache für den Anstieg der Zuckerausbeute ist der trockene und sonnige Spätsommer 1999. Für hohe Zuckererträge wird außerdem genügend Feuchtigkeit während der Hauptwachstumszeit benötigt. Der Pflanzenabstand soll so gewählt werden, dass die Blätter sich möglichst wenig überlappen, aber voll ausgebildet den Boden bedecken. Bis zu diesem Zeitpunkt ist eine intensive Unkrautbekämpfung notwendig. Die langgestreckte, kegelförmige Pfahlwurzel verlangt eine tiefgründige Bodenbearbeitung. Der Erntezeitpunkt dieser zweijährigen Pflanze ist Ende Oktober mit dem Aufhellen der Blätter erreicht. In den letzten Wochen vor der Ernte wird viel Zucker gebildet und gespeichert. Eine ausreichende Versorgung mit Kalium- und Stickstoffverbindungen ist erforderlich. Die Überdüngung mit Stickstoff ist aber zu vermeiden, da sie statt zu einer höheren Zuckerausbeute nur zu einer Vermehrung der Blattmasse führt.

1   Begründen Sie alle genannten Pflegemaßnahmen, Anbauhinweise und den
    Erntezeitpunkt der Zuckerrübenkultur.   (7 BE)

2   Berechnen Sie den jährlichen durchschnittlichen Zuckergehalt der Zuckerrüben
    für 1998 und 1999 bezogen auf Weißzucker (Saccharose).
    Begründen Sie die Veränderung.   (3 BE)

3   Erklären Sie den Zusammenhang zwischen Erntezeitpunkt und notwendiger
    schneller Verarbeitung der Zuckerrüben.   (4 BE)

4   Nennen Sie die Zellorganelle, in denen Fotosynthese bzw. Zellatmung stattfindet, sowie je zwei Gemeinsamkeiten und Unterschiede dieser Zellorganelle.   (3 BE)

5   Stellen Sie wesentliche Reaktionsschritte der Umwandlung von Kohlenstoffdioxid in Rübenzucker schematisch dar.   (5 BE)

6   Begründen Sie, weshalb Zucker in hoher Konzentration zum Konservieren von
    Nahrungsmitteln (z. B. Marmelade) geeignet ist, obwohl Kohlenhydrate energiereiche Nährstoffe für Mikroorganismen darstellen.   (3 BE)
                                                                              (25 BE)

Lösungen

1 Die im Text enthaltenen Angaben zu Pflegemaßnahmen, Anbauweise und Erntezeitpunkt lassen sich z. B. wie folgt begründen:
Der richtige Pflanzabstand führt zu einer nahezu vollständigen Bodenbedeckung, was zur Folge hat, dass Unkräuter in ihrem Wachstum gehemmt werden, da sie gegenüber der Zuckerrübe in Konkurrenz um den Faktor Licht unterliegen.
Während der ersten Wachstumsperiode ist eine intensive **Unkrautbekämpfung** notwendig, da die schnell wüchsigen Unkräuter zu einem Zeitpunkt, wo die Zuckerrübe nur geringe Blattbildung aufweist, als interspezifische Konkurrenten um Wasser, Licht und Nährsalze auftreten.
Eine **tiefgründige Bodenbearbeitung** ist notwendig, da die Zuckerrübe langgestreckte, kegelförmige Pfahlwurzeln entwickelt. Es muss genügend Wasser als Lösungs- und Transportmittel vorhanden sein, für die Zellatmung der Wurzel ist Sauerstoff notwendig.
Die **ausreichende Versorgung mit Kalium- und Stickstoffdünger** ist für die Fotosyntheseleistung erforderlich. Kalium-Ionen dienen der Regulation von Stoffwechselprozessen und beeinflussen den Wasserhaushalt der Pflanzen. Nitrate sind für die Bildung von Proteinen wichtig. Eine **Überdüngung** begünstigt jedoch das Blattwachstum, die Zuckerausbeute wird dadurch nicht erhöht.
Genügend **Feuchtigkeit** während der Hauptwachstumsperiode beeinflusst die Biomasseproduktion, da Wasser als Lösungs-, Transportmittel und Ausgangsstoff für die Fotosynthese gebraucht wird.
Der **Erntezeitpunkt** ist Ende Oktober erreicht, weil zu dieser Jahreszeit durch geringere Temperaturen und die Abnahme der Tageslichtmenge die Fotosyntheseleistung zurück geht.

2 Der jährliche durchschnittliche Zuckergehalt der Zuckerrüben betrug im Jahr 1998 15,5 %. Im Jahr 1999 stieg er auf 16,9 % an.

Berechnung:

$$1998: \quad x = \frac{29500\ t \cdot 100\ \%}{190000\ t}$$
$$x = 15,5\ \%$$

$$1999: \quad x = \frac{33000\ t \cdot 100\ \%}{195000\ t}$$
$$x = 16,9\ \%$$

Im Jahre 1999 war der Spätsommer zwar trocken, aber sehr warm, wodurch die Stoffwechselaktivität über längere Zeiträume optimal verlief und durch Fotosynthese viel Glucose produziert wurde, die zum Disaccharid Saccharose umgewandelt wurde.

3 Zuckerrüben werden spät geerntet und haben zu diesem Zeitpunkt den optimalen Zuckergehalt erreicht. Nach der Ernte findet keine Fotosynthese mehr statt, aber die **Zellatmung** läuft in den lebenden Zellen weiter ab und führt zu Ernteverlusten.
Saccharose wird in Glucose gespalten und diese wird stufenweise unter Energiegewinn zu Wasser und Kohlenstoffdioxid umgesetzt. Somit sind eine möglichst späte Ernte und zügige Verarbeitung sinnvoll.

4 Die Fotosynthese findet in den Chloroplasten, die Zellatmung in den Mitochodrien statt. Beim Vergleich beider Zellorganelle sind drei Gesichtspunkte zu berücksichtigen.

Merkmale	Chloroplasten	Mitochondrien
Gemeinsamkeiten	– besitzen eine Doppelmembran – tragen DNA als Erbinformation – Ribosomen vorhanden – zeigen Einstülpungen der inneren Membran – von Matrix erfüllter Innenraum – Enzyme zur ATP-Bildung	
Unterschiede	– von der inneren Membran Thylakoide abgeschnürt – Chlorophyll – Enzyme für Fotosynthese	– von der inneren Membran gehen Cristae in den Innen- raum – kein Chlorophyll – Atmungsenzyme

Schlussfolgerungen: Wichtige Stoffwechselreaktionen laufen an den Membranen ab. Die Einstülpungen der inneren Membran bei beiden Zellorganellen dienen der Vergrößerung der aktiven Oberfläche.

5 Schematische Darstellung wichtiger Reaktionsschritte der lichtunabhängigen Reaktion (Calvin-Benson-Zyklus):

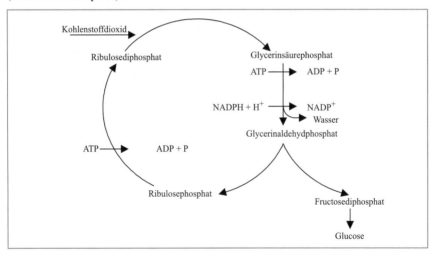

6 Zucker wird häufig zum Konservieren von Früchten verwendet. Unmittelbar an der Oberfläche der Früchte löst sich der Zucker im austretenden Zellsaft und es entsteht eine **hypertonische Lösung**. Diese bewirkt zwar, dass die Früchte ihre feste Konsistenz verlieren, sie hat aber die gleiche Wirkung auf Mikroorganismen. Ihnen wird osmotisch Wasser entzogen, es tritt **Plasmolyse** ein. Wassermangel im Zytoplasma von Bakterien schränkt deren Lebensfähigkeit ein, die Vermehrung geht langsamer vor sich, Stoffwechselprozesse kommen zum Erliegen, die Bakterien sterben ab.

Immer wieder tauchen neue Stämme des Grippe- (Influenza-A-) Virus auf und verbreiten sich in der Bevölkerung. Der als „Spanische Grippe" bekannt gewordenen Pandemie (weltweites Auftreten einer Epidemie) fielen 1918 mehr als zwei Millionen Menschen zum Opfer.
Der Influenza-Erreger gehört zu den RNA-Viren. Innerhalb seiner Proteinhülle befinden sich acht einzelne RNA-Stränge und einige Begleitproteine. Dadurch kann die RNA direkt vom Proteinsynthese-Mechanismus der Wirtszelle genutzt werden. Die Virus-RNA wird durch Transkription vermehrt. Eine Lipidmembran, die antigene Strukturen trägt, umgibt das Virus.
Die Wiedererkennung der Viren durch das Immunsystem ist aus verschiedenen Gründen schwierig. Bei der sogenannten „Antigen-Drift" verändern sich die Aminosäuresequenzen der Antigene in der Lipidmembran allmählich. Die Änderungen erweisen sich für das Virus als vorteilhaft, wenn sich die Antikörper-Erkennungsstellen (Epitope) umstrukturieren.
Zum Auswechseln der Antigenmoleküle auf der Oberfläche kommt es durch „Antigen-Shift". Das Erbmaterial unterschiedlicher Influenza-A-Stämme wird hier in mischinfizierten Zellen, z. B. von Schweinen, bei der Virusvermehrung neu kombiniert (s. Abb. 1). So entstandene Viren verursachen häufig Pandemien.

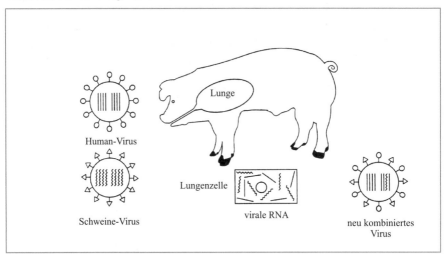

Abb. 1: Rekombination von Influenza-Viren in Schweinen

1   Nennen Sie unter Nutzung der Abbildung 2 zwei Gemeinsamkeiten und zwei Unterschiede bei der Vermehrung von Influenza-Viren und der eines anderen Virus. (4 BE)

2   Stellen Sie die typische Reaktion des menschlichen Immunsystems (spezifische Abwehr) bei Infektion mit einem neuen Influenza-Erreger schematisch dar. (6 BE)

3 Erklären Sie die Entstehung neuer Influenza-A-Virusstämme durch die komplexe Wirkung der Evolutionsfaktoren.
Charakterisieren Sie die „Antigen-Drift" und die „Antigen-Shift".   (6 BE)

4 Begründen Sie, warum durch „Antigen-Shift" wesentlich wahrscheinlicher Pandemien ausgelöst werden können als durch „Antigen-Drift".   (2 BE)

5 Nennen Sie zwei Unterschiede in der Lebensweise von Viren und eukaryotischen Zellen.   (2 BE)

(20 BE)

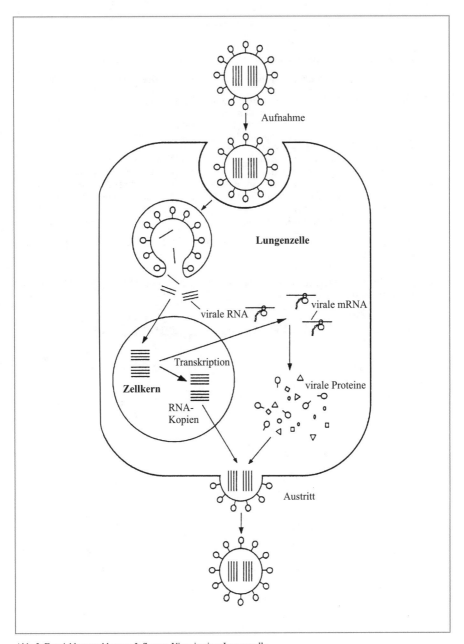

Abb. 2: Entwicklungszyklus von Influenza-Viren in einer Lungenzelle

Lösungen

1 Gemeinsamkeiten und Unterschiede sind in einer Tabelle zusammengefasst:.

	Influenza-Virus	Bakteriophage
Gemeinsamkeiten	– nutzen den Stoffwechsel der Wirtszelle zur Virus-vermehrung – Wirtszelle wird zerstört – neue Viren werden frei	
Unterschiede	– Viren werden insgesamt aufgenommen – Virus-RNA wird durch Transkription vermehrt – Virus schnürt sich ab, erhält Lipidhülle	– Nukleinsäure wird in die Bakterienzelle injiziert – Stoffwechsel der Bakterienzelle wird auf Phagenvermehrung umgestellt – fertige Viren lysieren die Zelle

Schlussfolgerung: Influenza-Viren unterscheiden sich in ihrem Vermehrungsverhalten von Bakteriophagen.

2 In einer Übersicht werden wesentliche Schritte der Immunabwehr bei Infektion mit Influenza-Viren dargestellt.

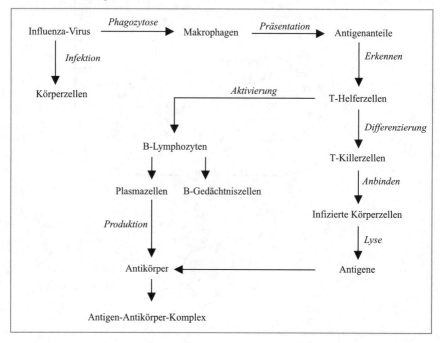

3   Die Entstehung neuer Influenza-Virusstämme lässt sich durch das Zusammenwirken verschiedener **Evolutionsfaktoren** erklären.
Viren besitzen eine Erbinformation, die sehr schnell **mutativen** Veränderungen unterliegt. Es kommt bei der Proteinsynthese zu einer Veränderung der Aminosäuresequenz, sodass Antigene mit neuer Struktur in der Lipidmembran ausgebildet werden. Diese Erscheinung nennt man Antigen-Drift. Treffen in einem Wirt mehrere Virusstämme aufeinander, kommt es zu einer **Rekombination** der Virus-RNA verschiedener Stämme. Solche mischinfizierten Zellen produzieren so stark veränderte Proteine, dass neue Antigene gebildet werden. Der Vorgang heißt Antigen-Shift. Für diese veränderten Antigene hat der Wirtsorganismus in seinem Immunsystem noch keine spezifischen Antikörper ausgebildet und somit keine Gedächtniszellen zur Verfügung. Für die Viren erweist sich die neue Struktur als eine Chance zum Überleben. Durch diese **Selektion** wird die Vermehrung der Viren begünstigt, der Wirt erkrankt.
Die **Antigen-Drift** führt zu geringfügigen Strukturänderungen der Antigenmuster auf der Virusoberfläche, die **Antigen-Shift** bringt neu kombinierte Virus-RNA hervor, was stark veränderte Antigene zur Folge hat.

4   Antigen-Shift kann Pandemien auslösen, da der Wirtsorganismus in seinem Immunsystem keine Gedächtniszellen für die veränderten Antigene hat. Viren vermehren sich zunächst im Körper ungehindert und verbreiten sich über verschiedene Infektionswege von Wirt zu Wirt.

5   **Viren** sind keine Zellen, sondern nur organisierte Teilchen. Sie besitzen ebenso wie eukaryotische Zellen Nukleinsäuren in Form von DNA oder RNA. Das genetische Material ist zu Mutationen fähig. **Eukaryoten** sind stets von einer begrenzenden Membran umgeben, bei Viren fehlt diese oder sie wird vom Wirt geliefert. Viren besitzen nicht alle Kennzeichen des Lebens, es fehlt ein eigener Stoffwechsel. Daher vermehren sie sich nicht selbst, sondern veranlassen die Wirtszellen Virus-Nukleinsäuren und -Proteine zu bilden. Eukaryotische Zellen vermehren sich durch Spaltung oder mitotische bzw. meiotische Teilung.

1 Bestimmen Sie eine der beiden vorliegenden Pflanzen.
Notieren Sie den Bestimmungsweg (mindestens acht Entscheidungen), die Literaturangabe zum Bestimmungsbuch, die Seitenangabe der Tabellen und die Ziffern der Fragenpaare, für die Sie sich entschieden haben.
Geben Sie für die bestimmte Pflanze den deutschen und den wissenschaftlichen Artnamen sowie den Namen der Pflanzenfamilie an. (4 BE)

2 Fertigen Sie eine Übersichtszeichnung einer Blütenpflanze an und beschriften Sie diese einschließlich aller Blütenteile. (3 BE)

3 Nennen Sie die besonderen Merkmale des Blütenbaus der von Ihnen bestimmten Pflanze. (2 BE)

4 Beschreiben Sie die Wasseraufnahme in die Wurzelhaarzellen und den Wassertransport in alle anderen Pflanzenteile. (6 BE)
(15 BE)

Lösungen

1. Das Bestimmen der Pflanze erfolgt mit Bestimmungsliteratur, die einen dichotomen Bestimmungsweg aufweist.
   - Literaturangabe: z. B. Rothmaler, Exkursionsflora von Deutschland, Band 2,
   - Bestimmungsweg: Seitenangabe der verwendeten Tabelle
                      Ziffern der Fragenpaare, die zur Entscheidung führten

   Beispiel:
   S. 300 Familie Schmetterlingsblütengewächse
   1*→2*→3*→6*→7*→19→20*→21→22*→23 Hornklee – Lotus Seite 310
   1*→2*→3* Gewöhnlicher Hornklee
   Deutscher Name: Gewöhnlicher Hornklee
   Lateinischer Name: *Lotus corniculatus* L.
   Familie: Schmetterlingsblütengewächse – *Fabaceae* LINDL.

2. Auf einem Zeichenblatt ist eine Übersichtszeichnung einer Blütenpflanze anzufertigen, die folgende Begriffe enthält: Wurzel, Spross mit Sprossachse, Laubblättern und Blüte. Um den Bau der Blüte zu zeichnen, eignen sich eine Aufsicht auf eine Blüte oder ein Blütendiagramm.

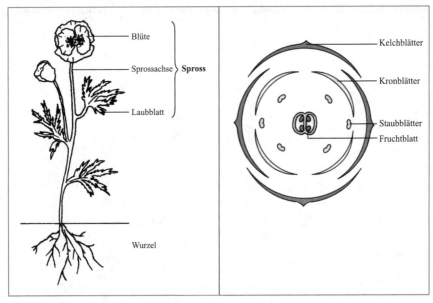

Abb.: Blütenpflanze, Blütendiagramm Kreuzblüte

3 Die bestimmte Pflanze gehört zu den Schmetterlingsblütengewächsen. Besondere Merkmale dieser Blüte sind: Die beiden äußeren Kronblätter heißen Flügel, das obere auffällige nennt man Fahne. Die beiden unteren Blütenblätter sind zu einem Schiffchen verwachsen. Darin liegt der Fruchtknoten, der von den Staublättern umgeben ist, meist sind neun zu einer Rinne verwachsen, das zehnte Staubblatt liegt einzeln.

4 Die **Wasseraufnahme** durch das Wurzelhaar erfolgt osmotisch. Das Bodenwasser stellt gegenüber dem Zytoplasma und dem Zellsaft der Vakuole die hypotonische Lösung dar und so kann Wasser ungehindert in die Wurzelhaare eindringen. Von hier gelangt es auf zwei Wegen zum Zentralzylinder. Der eine führt über die Protoplasten der Rindenzellen bis zum Plasma der Endodermiszellen. Die osmotische Saugkraft der Wurzelzellen ist dafür verantwortlich. An der Endodermis fällt die Saugkraft deutlich ab und der Unterdruck in den Gefäßen, der durch Transpiration entsteht, zieht das Wasser aus den Zellen. Der andere Weg verläuft zwischen den Zellwänden bis zur Endodermis. Korkartige, wasserundurchlässige Einlagerungen verhindern dort eine weitere Diffusion des Wassers. Infolge der Caspary'schen Streifen verläuft nun auch dieser Weg über die Protoplasten der Endodermiszellen. In den Gefäßen wird der Transpirationssog durch die Wirkung von Adhäsion und Kohäsion unterstützt.

Hefepilze nutzen u. a. Rübenzucker (Saccharose) zur Energiebereitstellung.

1 Planen Sie ein Experiment zur Untersuchung der unterschiedlichen Wirkung von Enzymen der Bäckerhefe bei drei verschiedenen Temperaturen.
Notieren Sie Ihre Planung auf einem gesonderten Blatt, das Sie dem Aufsicht führenden Fachlehrer übergeben. (3 BE)

2 Führen Sie danach das Experiment mit den zur Verfügung gestellten Geräten, Materialien und Chemikalien durch.
Notieren Sie Ihre Beobachtungen und werten Sie die Ergebnisse aus. (6 BE)

3 Erklären Sie an folgenden Beispielen die Auswirkung des Faktors Temperatur auf den Stoff- und Energiewechsel der Organismen:
a) ein Kriechtier und ein vergleichbar großes Säugetier werden einer Umgebungstemperatur von +10 °C ausgesetzt,
b) bei Infektionskrankheiten steigt die Körpertemperatur der erkrankten Menschen häufig an (Fieber). (6 BE)
(15 BE)

Lösungen

1 **Versuchsplanung:**
Enzyme der Bäckerhefe zerlegen Disaccharide zu Monosacchariden. Glucose wird enzymatisch in Ethanol und Kohlenstoffdioxid zerlegt. Die Gasentwicklung ist an der Schaumbildung auf der Zucker-Hefe-Suspension zu beobachten.
Die Suspension wird in drei graduierte Reagenzgläser gegeben und diese kommen in Bechergläser mit unterschiedlichen Temperaturen (z. B. 20 °C, 45 °C, 70 °C). Die Schaumbildung wird an der Skala der Reagenzgläser abgelesen. Sie ist ein Maß für die Enzymaktivität.

2 **Protokoll** über die Durchführung der geplanten Experimente
   – Geräte: Graduierte Reagenzgläser, Bechergläser, Thermometer
   – Versuchsdurchführung: Gasentwicklung auf der Suspension wird gemessen.
   – Beobachtungen: z. B. bei 20 °C – Schaumbildung in 2 Minuten 1 cm
                     bei 45 °C – Schaumbildung in 2 Minuten 4 cm
                     bei 70 °C – keine Reaktion
   – Auswertung: Mit steigender Temperatur nimmt die Reaktionsgeschwindigkeit zu, die RGT-Regel begründet diese Aussage. Bei einer Temperatur von 70 °C denaturieren die Enzyme und es erfolgt keine Reaktion.

3 Bei einer Temperatureinwirkung auf Tiere muss unterschieden werden, ob es sich um **Wechselwarme** oder **Gleichwarme** handelt.
   a) Kriechtiere sind wechselwarme Tiere, ihre Eigentemperatur hängt von der Umgebungstemperatur ab. Mit sinkender Körpertemperatur nimmt die Reaktionsgeschwindigkeit aller Enzymreaktionen ab. Fällt die Körpertemperatur unter einen kritischen Wert, tritt Kältestarre ein. In diesem Zustand überwintern viele Kriechtiere.
   Säuger sind gleichwarme Tiere, die ihre Körpertemperatur von der Umgebungstemperatur weitgehend unabhängig konstant halten. Bei sinkender Umgebungstemperatur verbrauchen sie mehr Energie zum Erhalten der Körpertemperatur, sodass die Enzymreaktionen mit gleicher Geschwindigkeit ablaufen können.
   b) Bei Infektionskrankheiten steigt die Körpertemperatur an, der Patient bekommt **Fieber**. Durch diese Temperaturerhöhung werden Zellreaktionen begünstigt. Erhöht sich die Teilungsrate der Lymphozyten oder läuft die Antikörperbildung in den Plasmazellen schneller ab, kann dies einen positiven Einfluss auf den Krankheitsverlauf haben. Allerdings setzt eine Temperaturerhöhung die Bildung von Oxihämoglobin herab, was zu Kreislaufbeschwerden führen kann.

Die Wälder des Erzgebirges sind in ihrer heutigen Ausprägung stark durch den Menschen beeinflusst. Raubbau seit dem ausgehenden Mittelalter, besonders bedingt durch den hohen Holzbedarf des Bergbaus, führte zu übernutzten Wäldern und zu Holzmangel. Forstliche Maßnahmen als Reaktion auf diese Situation änderten mit Beginn des 19. Jahrhunderts die Waldzusammensetzung. Vor allem die Gemeine Fichte, die bis dahin ihre natürliche Verbreitung nur in den Kammlagen hatte, erfuhr durch Anpflanzung eine stärkere Verbreitung. Dadurch verschwanden die natürlichen Bergmischwälder, in denen Rotbuchen und Tannen dominierten.

Bereits 1850 erkannte man die Schadwirkungen, die Schwefeldioxid auf Pflanzen ausübt. Durch die so genannten „klassischen Waldschäden" kam es insbesondere in der zweiten Hälfte des 20. Jahrhunderts zu großflächigem Waldsterben der Fichtenwälder im Erzgebirge, das bis heute anhält. Parallel dazu traten Massenvermehrungen tierischer Forstschädlinge wie dem Fichtenborkenkäfer auf.

Seit Beginn der 90er-Jahre werden in Sachsen zunehmend „neuartige Waldschäden", verursacht von Stickoxiden und ihren Umwandlungsprodukten, beobachtet, die Nadel- wie Laubbäume gleichermaßen betreffen.

Die Ursachen des Waldsterbens sind noch nicht vollständig geklärt. Die Schadstoffeinträge werden regelmäßig in Messstationen registriert.

1 Nennen Sie je eine wesentliche Emmissionsquelle der zwei Luftschadstoffe, die für das Waldsterben mit verantwortlich sind, sowie technische Möglichkeiten ihrer Verringerung. (4 BE)

2 Interpretieren Sie die beiden Diagramme (Abb. 1 und 2).
Erklären Sie die Beziehungen zwischen SO_4-S-Anteil und pH-Wert des Niederschlags. (5 BE)

3 Wählen Sie mithilfe der Zeigerwerte aus der Abb. 3 zwei Baumarten aus, die geeignet sind, einen auf einer Höhe von 800 m abgestorbenen Fichtenforst nach dem Kahlschlag zu ersetzen, sowie zwei weitere, deren Anbau keinen Erfolg haben würde.
Begründen Sie jeweils Ihre Entscheidungen unter Beachtung der Bedingungen, die auf dieser Kahlschlagfläche herrschen. (6 BE)

4 Begründen Sie die fehlende Stabilität des Ökosystems Fichtenforst, die sich im massenhaften Auftreten von Schadinsekten äußern kann. (4 BE)

5 Beschreiben Sie den Bau der Chloroplasten und nennen Sie ihre Funktion.
Erklären Sie die Folgen der durch Luftschadstoffe verursachten Chlorophyllschäden (Chlorosen) für den Stoff- und Energiewechsel der Pflanzen. (6 BE)
(25 BE)

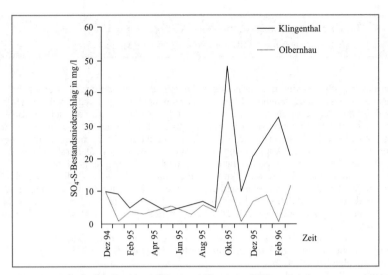

Abb. 1: SO$_4$-S-Bestandsniederschlag der Messämter Olbernhau und Klingenthal

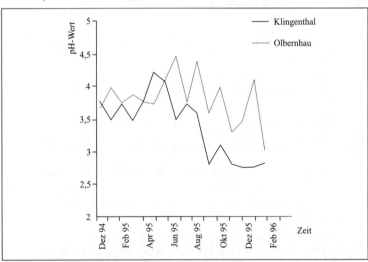

Abb. 2: pH-Wert der Niederschläge der Messämter Olbernhau und Klingenthal

Baumart	L	T	R
Weiß-Tanne	3	5	x
Berg-Ahorn	4	x	x
Rot-Buche	3	5	x
Gemeine Fichte	5	3	x
Hänge-Birke	7	x	x
Zitter-Pappel	6	5	x
Eberesche	6	x	4
Gemeine Esche	4	5	7
Berg-Ulme	4	5	7
Stiel-Eiche	7	6	x

Zeichenerklärung:

x = indifferentes Verhalten, d. h. großer Toleranzbereich

L = Lichtzahl (alle Zeigerwerte beziehen sich auf Jungbäume)

T = Temperaturzahl (Vorkommen im Wärmegefälle)

R = Reaktionszahl (Bodenreaktion)

Abb. 3: Ausgewählte Zeigerwerte einiger Baumarten (nach ELLENBERG)

Erklärung der Zeigerwerte (Auswahl):
zu L: 3 – Schattenpflanze
4 – zwischen 3 und 5 stehend
5 – Halbschattenpflanze, nur selten im vollen Licht
6 – zwischen 5 und 7 stehend
7 – Halblichtpflanze, meist bei vollem Licht
zu T: 3 – Kühlezeiger, vorwiegend in montan-subalpinen Lagen
4 – zwischen 3 und 5 stehend, vorwiegend montan
5 – Mäßigwärmezeiger, Schwerpunkt im submontanen Bereich
6 – zwischen 5 und 7 stehend
7 – Wärmezeiger, nur in Tieflagen
zu R: 3 – Säurezeiger
4 – zwischen 3 und 5 stehend
5 – Mäßigsäurezeiger, auf stark sauren sowie auf neutralen und schwach basischen Böden selten
6 – zwischen 5 und 7 stehend
7 – Schwachsäure- bis Schwachbasenzeiger

Lösungen

1 Ein im Text genannter Luftschadstoff ist Schwefeldioxid.
Eine wesentliche Emissionsquelle sind Verbrennungsprozesse mit schwefelhaltigen Brennstoffen, z. B. von schwefelhaltigem Benzin.
Zur Verringerung des Schwefeldioxidausstoßes muss man beispielsweise schwefelarme Kraftstoffe herstellen.
Die zweite genannte Schadstoffgruppe sind Stickoxide, also Sauerstoffverbindungen des Stickstoffs.
Auch diese werden z. B. bei der Verbrennung von Kraftstoffen freigesetzt.
Die Freisetzung von Stickoxiden kann man u. a. durch den Einsatz geregelter Abgaskatalysatoren (G-Kat bzw. Dreiwegekatalysator) reduzieren.

2 In den Abbildungen werden für die Messämter Klingenthal und Olbernhau die SO_4-S-Mengen in mg/l und die pH-Werte der Niederschläge in der Zeit von Dezember 1994 bis Dezember 1995 dargestellt.
Im Diagramm 1 ist für Klingenthal ein etwa gleichbleibender SO_4-S-Anteil von Dezember 1994 bis Juni 1995 mit ca. 5 mg/l festzustellen. Bis Dezember 1995 erfolgt eine zeitweise Erhöhung mit Spitzen bis zu 12 mg/l.
In Olbernhau wurden bis Juni 1995 ähnliche Werte wie in Klingenthal gemessen. Bis Dezember 1995 erfolgt eine zeitweise viel stärkere Zunahme auf bis zu 50 mg/l, also um bis zu 100 %.
Diese Ergebnisse spiegeln sich auch in den pH-Wert-Messungen wieder. Nach relativ ähnlichen Werten von 3,5 bis 4 bis zum Juni 1995 erfolgt in Klingenthal ein geringeres periodisches Absinken bis zum pH-Wert 3, während in Olbernhau der pH-Wert zeitweise bis auf 2,7 fällt, was für die Wasserstoffionenkonzentration eine Erhöhung um den Faktor 10 bedeutet.
Da die Messreihen an beiden Orten analoge Werteveränderungen aufweisen, ist zu schlussfolgern, dass die Veränderungen der pH-Werte vorrangig auf die Schwankungen der SO_4-S-Werte zurückzuführen sind. Steigende Schwefeldioxidmengen lassen bei den Reaktionen mit Ozon und mit Wasserdampf in den Wolken stärker saure und mit mehr SO_4-S beladene Niederschläge entstehen. Zwischen Klingenthal und Olbernhau gab es ab Juni aber die beschriebenen Abweichungen.

3 Auf einer Kahlschlagfläche in 800 m Höhe herrschen in Abhängigkeit von der Größe des Kahlschlages bestimmte Umweltbedingungen vor.
Die Lichteinstrahlung ist besonders hoch, die Temperatur ist in der Höhe niedriger als im Flachland und schwankt durch die ungeschützte Fläche stärker, der Wind kann ungeschützt angreifen, der Boden wird (s. 2) versauert sein.
Geeignet für die Anpflanzung auf der Kahlschlagfläche sind Pflanzen, die unter diesen Extrembedingungen leben können:
z. B.:
– die Hängebirke mit einem Wachstum bei vollem Licht und großen Toleranzbereichen bei Temperatur und Bodenwert
– die Eberesche oder die Zitterpappel mit ähnlich geeigneten Toleranzbereichen

Ungeeignet sind:
– die Weißtanne und die Rotbuche, weil sie Schattenpflanzen sind
– die Stieleiche, weil sie eher in wärmeren Tieflagen wächst

4   Der Fichtenforst ist eine Monokultur mit dem Ziel, in möglichst kurzer Zeit (ca. 80 Jahre) auf der ganzen Fläche (Kahlschlag) zu schlagreifem Holz zu gelangen.
Damit treten aber verstärkt Nachteile von Monokulturen zu Tage:
– der Boden verarmt an bestimmten Nährstoffen durch die Biomasseernten (Holzfällung) und die vergleichsweise geringen Angebote für Reduzenten und Destruenten
– dadurch wird die Abwehr der Pflanzen zunehmend geschwächt
– die Kulturpflanze (Fichte) ist in großer Individuendichte anzutreffen, womit Schädlinge, z. B. Schadinsekten, ein nahezu unbegrenztes Nahrungsangebot und ideale Bedingungen für die Vermehrung vorfinden, was zu häufigem Massenauftreten führt
– außerdem sind oft die Bedingungen für Fressfeinde durch die geringe Zahl von Nischenplätzen nicht so optimal.

5   Chloroplasten sind Zellbestandteile, die von einer äußeren und einer inneren Membran umgeben sind. Die innere Membran hat durch Lichteinwirkung Einstülpungen (Thylakoide) ausgebildet, die in das Stroma hineinragen und u. a. die Blattfarbstoffe und verschiedene Enzyme beherbergen. Im Stroma finden sich noch die Chloroplasten-DNA, Ribosomen, Lipidtropfen u. a. Verbindungen.
Die Hauptfunktion der Chloroplasten ist die Durchführung der Fotosynthese als Form der Autotrophie.
Kommt es durch Luftschadstoffe zur Auswaschung von Mineralstoffen und damit zur Chlorophyllschädigung, hat dies je nach Schwere der Schädigung Konsequenzen für die Stoffwechselleistungen.
Chlorophylle sind Fotosynthesepigmente der Fotosysteme. Sie bewirken mit anderen Blattfarbstoffen die Elektronenanregung durch Lichtenergie sowie die Fotolyse.
Sind sie beschädigt, kann nicht mehr genug oder kein ATP und coenzymgebundener Wasserstoff für den Calvin-Benson-Zyklus bereitgestellt werden. Somit wird weniger Traubenzucker hergestellt. Damit werden alle Stoff- und Energiewechselvorgänge der Pflanze beeinträchtigt, was von schwächerem Wachstum bis zum Tod führen kann.

Ameisen findet man fast überall, 9 500 Arten sind weltweit bekannt. Auch lebensfeindliche Areale wie Wüsten und die nördlichen Nadelwälder werden erfolgreich von Ameisen besiedelt.

Ameisen sind Insekten aus der Gruppe der Hautflügler, die in Staaten leben. Ihre Völker bestehen aus Arbeiterinnen (unfruchtbaren weiblichen Tieren) und den eierlegenden Königinnen. Bei kühlen Temperaturen werden unbefruchtete Eier gelegt, aus denen sich die beflügelten Männchen entwickeln. Sobald es im Ameisennest wärmer wird, geben die Königinnen befruchtete Eier ab. Ein Teil der Larven, die daraus schlüpfen, bekommen besonders viel Saft aus den Futtersaftdrüsen der Arbeiterinnen. Diese Larven entwickeln sich zu Königinnen. Larven, die sich zu Arbeiterinnen entwickeln, bekommen wenig oder keinen Futterdrüsensaft. Sie werden aus dem Kropf der Arbeiterinnen mit Zucker- und Eiweißsäften ernährt.

Bei den sozialen Hautflüglern sind Königinnen und Arbeiterinnen eines Staates Schwestern. So wird auch ohne Fortpflanzung der Arbeiterinnen die Weitergabe der Gene gewährleistet.

Die ältesten fossilen Ameisen sind ca. 80–100 Millionen Jahre alt. Es ist heute bekannt, dass in der Evolution Wespen Vorläufer der Ameisen waren. Die „Urwespen" waren einzeln lebende Tiere, während die „Urameisen" bereits soziale Gemeinschaften bildeten.

Es gibt auch heute noch Ameisenkolonien, welche denen der „Urameise" sehr ähnlich sind, z. B. Ameisen der Gattung *Nothomyrmecia*. Wie die „Urameisen" leben sie in einem Staat aus maximal 50 Mitgliedern. Sie gehen allein auf die Jagd und finden den Rückweg zum Nest durch optische Navigation. Duftmarken, wie sie viele andere Ameisen in sehr ausgeprägter Form benutzen, kennen die „Urameisen" nur als Kennzeichnung am Nesteingang. Dort stehen Wächter, die den Bau gegen Eindringlinge verteidigen. Die Tiere kämpfen zwar bis zum Tod, aber sie rufen keine Artgenossen zu Hilfe, wie das andere Ameisen tun.

1 Nennen Sie zwei Kriterien, durch die Arten voneinander abgegrenzt werden können. (2 BE)

2 Beschreiben Sie die Wirkung von vier Evolutionsfaktoren, die zur Herausbildung verschiedener Ameisenarten führen können. (4 BE)

3 Vergleichen Sie das Verhalten der urtümlichen Ameise *Nothomyrmecia* und der anderen heute weiterentwickelten Ameisen bezüglich ihrer sozialen Struktur und ziehen Sie Schlussfolgerungen. (5 BE)

4 Begründen Sie, warum Individuen eines Ameisenstaates enger miteinander verwandt sind als Vertreter einer anderen Art untereinander. (2 BE)

5 Erklären Sie anhand der unterschiedlichen Larvenentwicklung der Ameisen den Begriff Modifikation. (4 BE)

6 Zeichnen Sie eine Nervenzelle.
Beschriften Sie vier Bestandteile, die für die Informationsverarbeitung von Bedeutung sind. (3 BE)
(25 BE)

Lösungen

1 Individuen einer Art besitzen gemeinsame anatomische und physiologische Merkmale, die sich von denen einer anderen Art unterscheiden und sie bringen untereinander fruchtbare Nachkommen hervor, pflanzen sich aber mit anderen Arten durch Fortpflanzungsbarrieren unter natürlichen Umständen nicht fort.

2 Ameisen leben in Insektenstaaten o. ä. Gemeinschaften. Damit ist Individuenüberschuss vorprogrammiert. Neu geschlüpfte Königinnen und Arbeiterinnen wandern aus und lassen sich an einem anderen Ort nieder. Das Volk teilt sich, was einer geografischen Isolation entspricht. Nähe zum Nachbarvolk wird vermieden.
Mutationen breiten sich dadurch meist nur in einem Volk aus, wenn sie der Selektion durch die Umwelt standhalten.
Mutations- und Selektionsdruck sind dann besonders hoch, wenn sich das Teilvolk in einem Gebiet mit neuen Umweltverhältnissen ansiedelt.
Durch die hohe Zahl ökologischer Nischen mit unterschiedlichen Faktoren auf engstem Raum wird z. B. das Vorkommen von 40 Ameisenarten auf einem Baum in Amazonien erklärbar.

3 Wie andere Ameisenarten auch ist *Nothomyrmecia* ein staatenbildendes Insekt.
Während andere Ameisenstaaten aus mehreren Tausend Individuen bestehen, sind es hier nur ca. 50 Tiere.
Eine Arbeitsteilung ist allen Ameisen gemeinsam.
Kooperation und Kommunikation sind aber bei *Nothomyrmecia* noch nicht anzutreffen.
Nothomyrmecia zeigt also Verhaltensweisen, auf die Verhaltensmuster anderer Ameisenarten zurückzuführen sein können.

4 Ameisen eines Staates sind als Arbeiterinnen direkte Nachkommen der Königin aus befruchteten Eiern. Das bedeutet eine starke Übereinstimmung in den Erbanlagen, da sie alle die bei der Meiose entstandenen 50 % der mütterlichen Erbmasse erhalten.
Bei anderen Tierarten wird diese Übereinstimmung nur bei Geschwistern erreicht, die von einem Muttertier abstammen. Und diese sind meist nicht so zahlreich wie die Nachkommen im Insektenstaat.

5 Modifikationen sind Veränderungen im Erscheinungsbild, die durch Umweltvariationen ohne Veränderungen der Erbanlagen hervorgerufen werden.
Bei den Ameisen ist die Entwicklung zur Königin oder Arbeiterin eine Modifikation.
Beide Formen entstehen aus befruchteten Eiern.
Während die Larven, die sich zu Königinnen entwickeln sollen, besonders viel Saft aus den Futterdrüsen der Arbeiterinnen bekommen, erhalten die Larven, die sich zu Arbeiterinnen entwickeln, weniger oder keinen Futtersaft. Die Menge an Futtersaft ruft also die baulichen Veränderungen hervor.

6

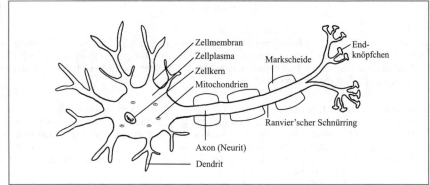

Abb.: Übersichtszeichnung: Bau einer Nervenzelle.

1 Stellen Sie zwei unterschiedlich große Gefäße auf eine wärmeisolierende Unter-
lage. Füllen Sie beide Gefäße volständig mit ca. 60 °C heißem Wasser und stellen Sie anschließend je ein Thermometer hinein (unverschlossen oder mit durch-
bohrtem Gummistopfen).
Führen Sie im Abstand von je zwei Minuten insgesamt zehn Temperaturmes-
sungen in beiden Gefäßen durch.
Fertigen Sie dazu eine Messtabelle an.
Stellen Sie die Messergebnisse grafisch dar. (3 BE)

2 Werten Sie Ihre experimentellen Ergebnisse aus.
Stellen Sie einen Zusammenhang zwischen den Messergebnissen und einer Kli-
maregel bei Säugetieren oder Vögeln her.
Erläutern Sie diese Klimaregel. (6 BE)

3 Beschreiben Sie an einem selbsgewählten Beispiel eine Möglichkeit, durch die
Säugetiere niedrige Außentemperaturen in bestimmten Jahreszeiten überdauern
können. (2 BE)

4 Stellen Sie in einem Schema wesentliche Vorgänge des Stoff- und Energie-
wechsels von Säugetieren dar, durch die diese ihre Lebensfunktion aufrecht
erhalten können. (4 BE)
(15 BE)

Lösungen

1 Messtabelle:

Zeit in min	Temperatur Kolben 1 in °C	Temperatur Kolben 2 in °C
2	60	60
4	58	55
6	56	50
8	54	45
10	52	40
12	50	37
14	48	34
16	46	30
18	44	26
20	42	23

Grafische Darstellung der Messergebnisse:

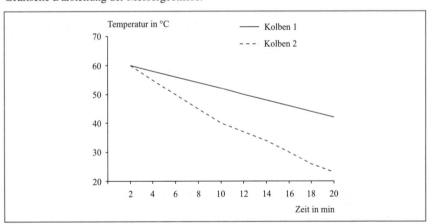

2 Die Messreihen zeigen, dass das Wasser im kleineren Kolben 2 in der gleichen Zeit bei gleicher Außentemperatur deutlich schneller auskühlt als im größeren Kolben 1.
Erklärbar ist das dadurch, dass der größere Kolben ein größeres Volumen an warmem Wasser aufnehmen kann und über seine verhältnismäßig kleinere Oberfläche weniger Wärme nach außen abstrahlt.

Dies ist ein Beispiel für die Bergmann'sche Regel, die besagt, dass nahe verwandte Arten in kälteren Gebieten deutlich größer und massiger werden als in wärmeren Gebieten. Die größeren Tiere (z. B. Polarfuchs) haben geringere Wärmeverluste als kleinere verwandte Arten (z. B. Wüstenfuchs).

3   Ein Beispiel ist der Winterschlaf der heimischen Fledermäuse.
Die Tiere legen im Herbst durch erhöhte Nahrungsaufnahme Körperfettreserven an. Im Spätherbst ziehen sie sich in ihre Winterquartiere (z. B. frostfreie Höhlen) zurück. Sie senken Atmung, Herzschlagfrequenz, Körpertemperatur und Stoffwechsel stark ab und verbleiben in diesem energiesparenden Zustand bis zum Anbruch des Frühlings, wo die Werte wieder normalisiert werden.

4

Aufnahme organischer Stoffe (Ernährung)

↓

Zerlegung dieser Stoffe in kleinere wasserlösliche Einheiten (Verdauung)

↓

Aufnahme in das Blut und Transport zu allen Organen

| Veratmung der Stoffe bei Sauerstoffanwesenheit (Energiegewinn) | Milchsäuregärung bei Sauerstoffknappheit (Energiegewinn) | Aufbau körpereigener Stoffe (z.B. Körperfettreserven) |

1 Wählen Sie aus den vorliegenden Materialien ein für nachfolgende Untersuchungen geeignetes Gewebe mit gefärbtem Zellinhalt aus.
Fertigen Sie davon ein Mikropräparat an.
Saugen Sie eine Kaliumnitratlösung der Konzentration c = 1,5 mol/l durch das Objekt.
Skizzieren Sie unter Angabe des zeitlichen Verlaufs die Veränderungen in den Zellen (drei Skizzen).
Beschriften Sie die letzte Skizze.
Nach Fertigstellung der letzten Skizze ist das Präparat dem Aufsicht führenden Fachlehrer vorzuweisen. (6 BE)

2 Erklären Sie Ihre Beobachtungen. (5 BE)

3 Mineraldünger werden oft an Feldrainen zwischengelagert. Nach dem Ausbringen des Düngers wachsen an diesen Stellen längere Zeit keine Pflanzen.
Begründen Sie diesen Sachverhalt. (4 BE)

(15 BE)

Lösungen

1

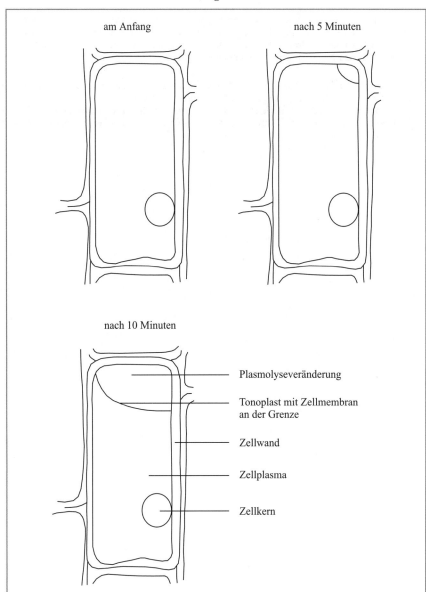

am Anfang

nach 5 Minuten

nach 10 Minuten

Plasmolyseveränderung

Tonoplast mit Zellmembran an der Grenze

Zellwand

Zellplasma

Zellkern

2 Durch das Einbringen der Kaliumnitratlösung werden die bestehenden Konzentrationsverhältnisse geändert.
Der ursprünglich im Vergleich zum Wasser des Flüssigpräparates höher konzentrierte Zellinhalt hat nun die geringere Konzentration an gelösten Stoffen. Dadurch findet Osmose statt, Wassermoleküle treten vorrangig aus der Zelle aus und der Tonoplast schrumpft, bis die Außen- und Innenkonzentration annähernd gleich sind.

3 Düngemittel sind meist wasserlösliche Salze. An der Zwischenlagerstätte wurden durch den Regen Teile des Düngers gelöst und in den Boden geschwemmt.
Folglich herrscht an dieser Stelle im Boden eine stark erhöhte Ionenkonzentration. Pflanzen können nicht gedeihen, weil ihren Wurzelzellen über Osmose Wasser entzogen wird, sodass die Pflanzen durch Wassermangel vertrocknen.

Unter den Säugetieren Mitteleuropas ist der Igel *(Erinaceus europaeus)* der einzige Stachelträger. Als typischer Vertreter der Insektenfresser ernährt er sich vor allem von Wirbellosen, kleinen Wirbeltieren und Aas. Die meisten Jungen kommen im Frühsommer zur Welt. Oft erfolgt im Herbst noch ein zweiter Wurf, besonders wenn der erste zugrunde ging. Die Jungen sind mit etwa sechs Wochen selbstständig. Die natürlichen Lebensräume des nachtaktiven, relativ standorttreuen Jägers sind Wald- und Heidelandschaften. Als Kulturfolger ist der Igel auch in unmittelbarer Nähe des Menschen anzutreffen, zum Beispiel in Parks oder in Gärten. Sinken im Herbst die Temperaturen unter ein bestimmtes Minimum, verkriecht sich der Igel bis in das Frühjahr zum Winterschlaf (Abb. 1). Diesen hält er an vermeintlich frostfreien Stellen, wie Schuppen, Komposthaufen oder Laubnestern. Ein zusätzlicher Aufwachvorgang, welcher u. a. durch die Änderung der Umgebungstemperatur ausgelöst werden kann, ist mit einem erhöhten und veränderten Stoffwechselgeschehen verbunden (Abb. 2).
Obwohl der Igel unter Naturschutz steht, ist es gestattet, Jungtiere, die vor dem Winter deutlich weniger als 500 g wiegen, zur Winterpflege ins Haus zu nehmen. Entweder halten sie dort in kühlen Räumen ihren Winterschlaf oder sie sind so pflegebedürftig, dass sie keinen Winterschlaf halten können. Dazu dürfen die Räume, in denen die Tiere Auslauf haben, nicht unter 15 °C kalt sein.

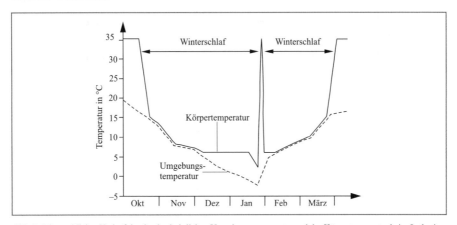

Abb. 1: Jahreszeitlicher Verlauf der durchschnittlichen Umgebungstemperatur und der Körpertemperatur beim Igel mit Unterbrechung des Winterschlafes

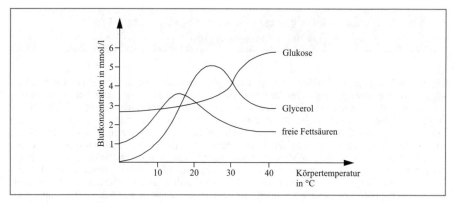

Abb. 2: Blutkonzentration von Glukose, Glycerol und Fettsäuren in Abhängigkeit der Körpertemperatur bei Winterschläfern

1 Definieren Sie den Begriff „Winterschlaf".
  Erklären Sie seine biologische Bedeutung. (3 BE)

2 Interpretieren Sie die Abb. 1 für den Zeitraum Dezember bis Februar.
  Stellen Sie einen Zusammenhang zur Abb. 2 her. (6 BE)

3 Beschreiben Sie den im Elektronenmikroskop sichtbaren Feinbau eines Mitochondriums. (3 BE)

4 Stellen Sie den Ablauf des Citronensäure-Zyklus (KREBS-Zyklus) in einem
  Schema dar. (7 BE)

5 Nennen Sie zwei Gefahren, die sich für die Igelpopulation aus der Nähe zum
  Menschen ergeben.
  Beschreiben Sie zwei weitere sinnvolle Maßnahmen des Igelschutzes. (4 BE)

6 Begründen Sie, weshalb Jungigel mit einer Masse von weniger als 500 g zur
  Überwinterung aufgenommen werden dürfen. (2 BE)
  (25 BE)

Lösungen

1 Der Winterschlaf ist eine Überlebensstrategie von Säugetieren, die einen länger anhaltenden Schlafzustand mit stark herabgesetzten Körperfunktionen (Atmung, Herzschlag, Körpertemperatur, Stoffwechsel) herbeiführen.
Durch die Verminderung der Atemfrequenz und des Herzschlages sowie die Herabsetzung der Körpertemperatur wird eine deutliche Reduzierung des Grundumsatzes bewirkt (RGT-Regel). Dadurch kann das Tier ohne Nahrungsaufnahme nur unter Verbrauch der körpereigenen Reserven (z. B. Körperfette) die Zeit der niedrigen Außentemperaturen und des Nahrungsmangels (z. B. keine Insekten) überstehen.

2 Im Diagramm wird der Verlauf der Körper- und durchschnittlichen Umgebungstemperatur in den Monaten Oktober bis März dargestellt.
Für den Zeitraum Dezember bis Februar lässt sich folgendes entnehmen:
Bei sinkender Umgebungstemperatur von 5 °C auf 0 °C bleibt die Körpertemperatur konstant bei 6 bis 7 °C. Damit verbunden ist eine relativ geringe Konzentration an Glycerol und Fettsäuren im Blut, was durch reduzierte Stoffwechselvorgänge erklärbar ist. Im Januar sinkt die Außentemperatur unter 0 °C, worauf die Körpertemperatur bis auf 3 °C fällt. Dadurch wird trotz niedriger Außentemperatur eine Erhöhung der Körpertemperatur auf 35 °C ausgelöst. Dies geht mit einem Aufwachen einher. Für die Erwärmung werden vorrangig Speicherfette abgebaut und veratmet, was durch den Konzentrationsanstieg ihrer Zerfallsprodukte Glycerol und Fettsäuren (s. Abb. 2) und ihren anschließenden Konzentrationsabfall im Blut deutlich wird.
Steigt die Umgebungstemperatur wieder über die kritischen 0 °C an, verfällt das Tier erneut in Winterschlaf, was mit dem Absinken der Körpertemperatur auf 6 bis 7 °C und niedrigen Glycerol- und Fettsäurewerten verbunden ist.
Dieses Aufwachen verhindert offensichtlich den Kältetod des Tieres, verbraucht aber jedes Mal Energiereserven, was für die gesamte Überwinterung problematisch werden kann.

3 Mitochondrien sind Zellbestandteile, die der Atmung dienen. Begrenzt werden sie von einer äußeren und einer inneren Membran. Die innere Membran weist Einstülpungen zur Oberflächenvergrößerung auf und enthält viele Enzymkomplexe der Zellatmung, z. B. die ATP-ase. Der Raum zwischen den beiden Membranen wird für die Anreicherung mit Protonen genutzt.
Die Matrix mit Mitochondrien-DNA, Ribosomen und anderen Bestandteilen wird von der inneren Membran eingeschlossen.

4

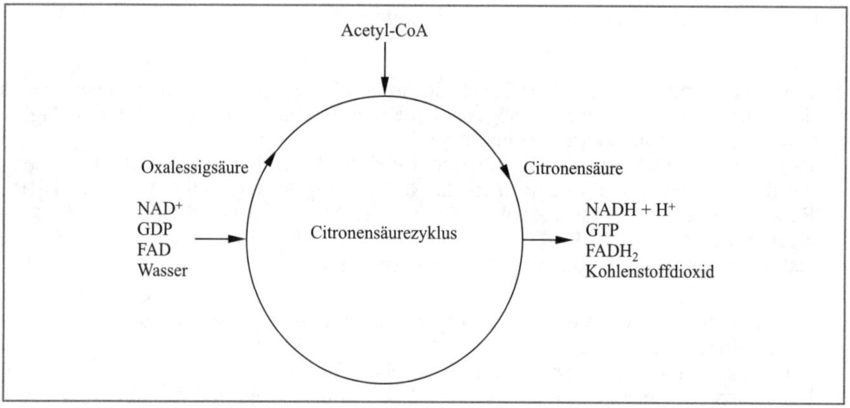

$$\text{Acetyl-CoA}$$

Oxalessigsäure → Citronensäurezyklus → Citronensäure

NAD$^+$
GDP
FAD
Wasser

→

NADH + H$^+$
GTP
FADH$_2$
Kohlenstoffdioxid

5 Für Igel ergeben sich aus der Menschennähe mehrere Gefahren:
Viele Igel werden durch ihr Einrollen bei Bedrohung überfahren, da sie sich auch bei herannahenden Autos einrollen. Vernichtung von Unterschlupfen, Herbstfeuer, Störungen des Winterschlafes durch den Menschen sind weitere Gefahrenquellen.
In Igelauffangstationen werden Igel, die ein zu geringes Überwinterungsgewicht haben, sachgerecht durch den Winter gebracht und anschließend wieder ausgewildert.
Eine Totholzecke oder ein Laubhaufen sollte im fortgeschrittenen Herbst nicht mehr bewegt werden, sodass die Igel ein Winterquartier finden.
Ein etwas vorausschauenderes und umsichtigeres Fahrverhalten besonders bei Nacht würde manchem Igel das Leben retten.

6 Wie aus den Abbildungen und den Aufgaben 1 und 2 ersichtlich wird, benötigen die Igel für den Winterschlaf selbst, aber auch für die Aufwachphasen durch zu große Kälte oder Störungen Energie. Da diese aus Mangel an Nahrung (Insekten, Schnecken etc.) im Winter nur aus gespeichertem Körperfett gewonnen werden kann, sterben die Tiere meist, die im Herbst 500 g Körpergewicht unterschreiten, da die Energievorräte nicht ausreichen.
Außerdem hat Fett auch eine wärmeisolierende Funktion, die bei den untergewichtigen Tieren nicht ausreichend erfüllt wird.

Nach Angaben der Weltgesundheitsorganisation (WHO) infizierten sich bis 1998 33,4 Millionen Menschen mit dem Erreger von AIDS, dem HI-Virus. Obwohl mehrere Medikamente zur Behandlung der Infektion zur Verfügung stehen, ist eine Heilung noch nicht möglich.
HIV überträgt neben seiner RNA das Enzym Reverse Transkriptase (RT) in die befallenen Zellen, z. B. T-Helferzellen, bestimmte Nervenzellen u. a. Dort katalysiert die RT an der Virus-RNA eine DNA-Kopie, die zum Doppelstrang ergänzt und in ein Chromosom der Wirtszelle integriert wird. Untersuchungen haben gezeigt, dass beim Umschreiben der RNA in DNA viele Fehler unterlaufen. Es entstehen unaufhörlich neue HIV-Varianten mit unterschiedlichen Oberflächenproteinen, die sich dadurch der Kontrolle des Immunsystems entziehen.
Seit der Mitte der neunziger Jahre erprobt man u. a. genetische Impfstoffe. Bestimmte HI-Virengene, die allein keine Infektion auslösen können, werden z. B. in die Haut oder die Muskulatur übertragen. Vom Zellkern aus steuern sie in der Zelle die Synthese von HIV-Proteinen, die als Antigene wirken.

Jahr	Anzahl der diagnostizierten AIDS-Fälle	Anzahl der davon verstorbenen gemeldeten Patienten
1984	123	108
1986	545	454
1988	1 269	998
1990	1 489	1 122
1992	1 755	1 188
1994	1 731	792
1995	1 299	323

Abb. 3. AIDS in Deutschland nach Spektrum der Wissenschaft, Dossier „Seuchen", 3/1997

1 Stellen Sie die diagnostizierten AIDS-Fälle in Deutschland und die Anzahl der davon verstorben gemeldeten Patienten (Abb. 3) grafisch dar.
   Werten Sie Ihr Diagramm aus und erklären Sie die beobachtete Entwicklung.   (5 BE)

2 Beschreiben Sie die Ergänzung der einsträngigen DNA-Kopie zum Doppelstrang.   (2 BE)

3 Nennen Sie eine mögliche Ursache für das rasche Auftreten verschiedener Varianten der HI-Viren.
   Begründen Sie deren Folgen aus evolutionsbiologischer Sicht.   (4 BE)

4 Beschreiben Sie die Wirkung, die ein genetischer Impfstoff auf das Immunsystem des Menschen haben würde.   (5 BE)

5 Fertigen Sie auf einem unlinierten A4-Blatt eine beschriftete schematische Zeichnung einer markhaltigen Nervenzelle an.   (4 BE)
                                                                                        (20 BE)

Lösungen

1

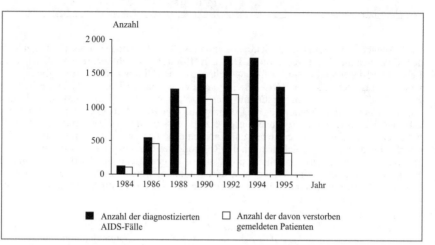

Im Diagramm wird die Zahl der diagnostizierten AIDS-Fälle und der davon verstorben gemeldeten Patienten in den Jahren 1984 bis 1995 dargestellt.

Von 1984 bis 1988 steigt die Zahl der diagnostizierten Fälle stark, von 1988 bis 1992 deutlich langsamer und ist bis 1995 sogar leicht rückläufig.

Ähnlich verhält es sich mit den davon verstorben gemeldeten Fällen. Auch hier wird nach starkem Ansteigen von 1984 bis 1988 im Jahre 1992 ein vorläufiger Höhepunkt erreicht. In den Folgejahren sinkt die Zahl unter den Wert von 1986 ab.

Die zurückgehende Zahl an Neuinfektionen lässt sich mit dem zunehmenden Wissen über Infektionswege und Aufklärungskampagnen in der Bevölkerung sowie mit verbesserten Sicherheitsstandards z.B. im Transfusionswesen erklären.

Die Erfolge bei der Reduktion der Sterbefälle gehen zum einen auf verbesserte Testverfahren zurück, die eine frühere Erkennung und Behandlung der Infektion gestatten. Zum anderen sind auch Fortschritte bei der Herstellung wirksamer Medikamente zu verzeichnen, die die Lebenserwartung HIV-positiver Menschen deutlich verlängern.

2 Der durch das Enzym Reverse Transkriptase aus Virus-RNA hergestellte Virus-DNA-Strang wird durch die Tätigkeit von Enzymen zu einem Doppelstrang umgebaut.
Zuerst muss die RNA-Polymerase aus passenden Ribonukleotiden einen RNA-Primer installieren. Dann können die DNA-Polymerasen die DNA-Nukleotide mit den entsprechenden komplementären Basen in 5'-3'-Richtung miteinander und über Wasserstoffbrücken mit dem viralen DNA-Strang zum Doppelstrang verbinden.

3 Das Erbmaterial der HI-Viren unterliegt häufig Mutationen, also zufälligen Veränderungen. Einer der bedeutendsten Selektionsfaktoren für HIV dürfte die Erkennung durch die Abwehrzellen der Wirtsorganismen, also z.B. durch den Menschen, sein. Wechseln nun die Viren bedingt durch die hohe Mutationsrate häufig ihre antigenen Oberflächenstrukturen, werden sie für die Immunabwehr schwerer auffindbar und können somit nicht bekämpft werden. Die hohe Variabilität sichert ihnen Selektionsvorteile.

4 Die nicht infektiösen HI-Gene, die mittels genetischem Impfstoff in Haut- oder Muskel-
zellen gelangen, können diese Zellen zur Herstellung von viralen Proteinen veranlassen.
Diese fungieren als Antigene, werden vom Immunsystem als körperfremd erkannt. Passende B-Lymphozyten binden an die Antigene. Zusätzlich bekommen sie Kontakt mit spezifischen T-Helferzellen. Durch Abgabe des Signalstoffes Interleukin 2 vermehren sich die B-
Lymphozyten und differenzieren zu Antikörper produzierenden Plasmazellen und B-Gedächtniszellen. Diese stellen das Immungedächtnis dar und könnten, wie bei der aktiven
Immunisierung üblich, den Schutz gegen eine spätere Infektion mit HI-Viren garantieren.

5

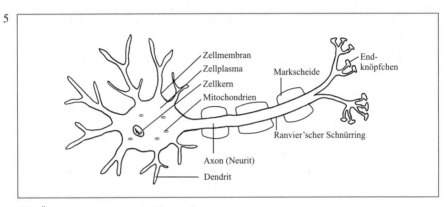

Abb.: Übersichtszeichnung: Bau einer Nervenzelle.

Die Atmosphäre funktioniert für zahlreiche Stoffe wie ein großes Sammel- und Reaktionsgefäß. Viele besonders wichtige Stoffe wie Sauerstoff, Kohlenstoffdioxid sowie Schwefel- und Stickstoffverbindungen werden durch lebende Organismen freigesetzt und wandern, oft mithilfe des Wasserkreislaufs, durch die Atmosphäre. Schließlich landen diese Stoffe wieder in Oberflächengewässern, in Lebewesen oder im Boden, was Bodenuntersuchungen belegen.

1 Untersuchen Sie die vorliegende Bodenprobe auf ihren pH-Wert.
  Fordern Sie die dafür notwendigen Geräte, Materialien und Chemikalien
  schriftlich auf einem Extrablatt an. (3 BE)

2 Fertigen Sie ein Kurzprotokoll (Durchführung, Beobachtung, Auswertung) an. (4 BE)

3 Beurteilen Sie den gemessenen Wert des Bodens im Hinblick auf den Kulturpflanzenanbau unter Einbeziehung der Abb. 4.
  Ordnen Sie diesem Boden **eine** zum Anbau geeignete Kulturpflanze zu.
  Nennen Sie weitere Standortbedingungen für die von Ihnen gewählte Pflanze. (4 BE)

4 Beschreiben Sie die Entstehung von saurem Regen und zwei Auswirkungen des
  sauren Regens auf mehrjährige Kulturpflanzen. (4 BE)
  (15 BE)

Deutscher Name	Wissenschaftlicher Name	L	T	F	R	N	S
Rübe	*Beta vulgaris*	9	6	6	7	9	5
Hafer	*Avena sativa*	6	6	5	6	5	1
Gerste	*Hordeum vulgare*	8	6	6	7	5	3
Kartoffel	*Solanum tuberosum*	8	6	5	7	7	1
Apfel	*Malus domestica*	7	6	5	7	5	1
Birne	*Pyrus communis*	6	6	5	8	x	1
Gemüselauch	*Allium oleraceum*	7	6	3	7	4	1
Blaumohn	*Papaver dubium*	6	6	4	5	5	1
Gemüsekohl	*Brassica oleracea*	8	7	5	x	8	3
Möhre	*Daucus carota*	8	6	4	x	4	1
Pflaume	*Prunus domestica*	7	5	4	7	x	1
Rote Johannisbeere	*Ribes rubrum*	4	6	8	6	6	1
Stachelbeere	*Ribes uva-crispa*	4	5	x	x	6	1
Quitte	*Cydonia oblonga*	8	6	4	8	4	1
Erdbeere	*Fragaria magna*	7	5	5	6	6	1

Abb. 4: Zeigerwerte für Kulturpflanzen nach ELLENBERG, 1992

Legende:
L = Lichtzahl: 1 Tiefschattenpflanze, … 5 Halbschattenpflanze, … 9 Volllichtpflanze
T = Temperaturzahl: 1 Kältezeiger, … 5 Mäßigwarmzeiger, … 9 extremer Wärmezeiger
F = Feuchtezahl: 1 Starktrockniszeiger, … 5 Frische-(Mittelfeuchte-)zeiger, … 9 Nässezeiger
R = Reaktionszahl (Bodenreaktion): 1 Starksäurezeiger (pH ca. 4), 2 zwischen 1 und 3 stehend, 3 Säurezeiger,
    4 zwischen 3 und 5 stehend, 5 Mäßigsäurezeiger, 6 zwischen 5 und 7 stehend, 7 Schwachsäure- bis Schwach-
    basenzeiger (pH ca. 7), 8 zwischen 7 und 9 stehend (auf Kalk weisend), 9 Basen- und Kalkzeiger (pH ca. 9)
N = Stickstoffzahl: 1 stickstoffarm, … 5 mäßig stickstoffreich, … 9 übermäßig stickstoffreich
S = Salzzahl: 1 salzarm bis salzfrei, … 5 mäßig salzhaltig (0,9 % Chlorid), … 9 extremer Salzgehalt
x = breiter Toleranzbereich gegenüber diesem Umweltfaktor

Lösungen

1 Es sind folgende Materialien anzufordern:
   – Becherglas
   – Reagenzgläser
   – Trichter
   – Rundfilterpapier
   – pH-Indikator-Lösung oder pH-Meter

2 Das Kurzprotokoll sollte folgende Angaben enthalten:

Durchführung	**Beobachtung**
Bodenprobe wird im Becherglas aufgeschlämmt und danach filtriert.	Es entsteht ein wasserklares Filtrat.
Filtrat im Reagenzglas wird mit Indikatorlösung versetzt.	Farbereaktion zeigt pH-Wert 6,5 an.

Auswertung: Die Bodenprobe zeigt eine schwach saure Reaktion des Bodens an, der pH-Wert beträgt 6,5.

3 Mithilfe der Tabelle wird die Reaktionszahl des Bodens ermittelt, sie beträgt 6.
   Eine für diesen Boden geeignete Kulturpflanze ist der Hafer.
   Hafer benötigt salzarmen bis salzfreien Boden und entsprechend der Feuchtezahl 5 mittelfeuchten Boden.

4 **Luftschadstoffe**, wie Schwefel- und Stickoxide, reagieren mit dem Regenwasser und bilden Säuren.
   Die Schadstoffe können über die Spaltöffnungen in die Blätter eindringen, wo sie die Biomembran und das Leitgewebe angreifen. Schädigungen der Stoffproduktion und der Stoffleitung sind die Folge. Es können die Fotosyntheseleistung, die Wasser-, Nährsalz- und Nährstoffleitung eingeschränkt sein. Sichtbare Zeichen der Schädigung sind Chlorosen und später absterbende Zellen und Gewebe.
   Die säurehaltigen Einträge in den Boden überfordern mit der Zeit die Pufferwirkung des Bodens. In versauerten Böden werden Calcium-, Magnesium- und Kalium-Ionen ausgewaschen, es kommt zum Ungleichgewicht der Ionen und damit zum Nährstoffmangel. Durch Versauerung können auch Blei- und Cadmium-Ionen, die in den Boden eingetragen wurden, freigesetzt werden. Diese Metall-Ionen schädigen das Feinwurzelwerk und das Wurzelwachstum und beeinträchtigen die Wasser- und Nährsalzaufnahme.

1 Geben Sie in 4 Reagenzgläser folgende Substanzen:
   Reagenzglas 1: Eiweißlösung, Wasser
   Reagenzglas 2: Eiweißlösung, Kupfer (II)-sulfatlösung ($CuSO_4$)
   Reagenzglas 3: Eiweißlösung, Ethanol
   Reagenzglas 4: Eiweißlösung, Wasser
   Erwärmen Sie Reagenzglas 4 bis zum Sieden.
   Fertigen Sie ein Kurzprotokoll (Beobachtung und Auswertung) an.
   Achten Sie während des Experimentierens auf die Einhaltung der Arbeits-
   schutzbestimmungen.   (6 BE)

2 Begründen Sie ausgehend vom Experiment, dass der Genuss größerer Mengen
   Alkohol gesundheitsschädlich ist.   (3 BE)

3 Beschreiben Sie eine Ihnen bekannte Form der Enzymhemmung.   (3 BE)

4 Interpretieren Sie das in Abb. 5 vorliegende Diagramm.   (3 BE)
                                                                             (15 BE)

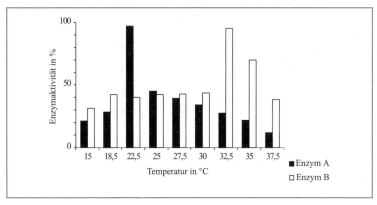

Abb. 5: Abhängigkeit der Enzymaktivität von der Temperatur

Lösungen

1 Das **Kurzprotokoll** enthält folgende Angaben:

Nummer des Reagenzglases	Durchführung	Beobachtung
1	Eiweißlösung wird mit Wasser versetzt und geschüttelt	trübe Suspension
2	Eiweißlösung wird mit Kupfer(II)-sulfatlösung versetzt	Ausflockung
3	Eiweißlösung wird mit Ethanol versetzt	Ausflockung
4	Eiweißlösung wird mit Wasser versetzt und erhitzt	Ausflockung

Auswertung: Kupfersulfatlösung, Ethanol und Hitze denaturieren Eiweiße. Dabei wird meist die räumliche Struktur dauerhaft zerstört, was die Ausflockung bewirkt.

2 Das Experiment zeigt, dass Ethanol Proteine denaturiert, also die Proteinstruktur verändert. Da Enzyme Proteine sind, wird die räumliche Struktur der Enzyme angegriffen und im aktiven Zentrum kann kein Enzym-Substrat-Komplex entstehen. Die katalytische Wirkung des Enzyms geht verloren.
Stoffwechselreaktionen laufen unvollständig ab und führen zur Schädigung von Zellen. Dieser Vorgang macht sich besonders an Stoffwechsel intensiven Zellen bemerkbar. Alkoholiker haben z. B. Leberschäden und Schädigungen an Nervenzellen, sie können häufiger an Speiseröhrenkrebs erkranken.

3 Man unterscheidet drei wesentliche Formen der **Enzymhemmung:**
– kompetitive Hemmung
– nicht kompetitive Hemmung
– allosterische Hemmung
Bei der **kompetitiven Hemmung** konkurriert eine dem Substrat ähnliche Verbindung, ein Inhibitor, mit dem Substrat um den Platz im aktiven Zentrum. Es werden daher weniger Enzymmoleküle in der Zelle aktiv, die Enzymwirkung wird hrerabgesetzt.

4 Die Grafik zeigt die Aktivität der Enzyme A und B in Abhängigkeit von der Temperatur. Bei steigender Temperatur nimmt nach der RGT-Regel die Enzymaktivität zu. Sie erreicht bei Enzym A bei 22,5 °C und bei Enzym B bei 32,5 °C ihr Optimum. Nach dem Erreichen des Optimums nimmt bei beiden Enzymen durch zunehmende Denaturierungseffekte die Aktivität zur Reaktion ab.

Unsere Lebensräume bedürfen im industriellen Zeitalter einer ständigen Kontrolle auf ihren Gehalt an Substanzen, die das Leben beeinflussen.

Biotests liefern die entscheidenden komplexen Informationen zur Bewertung schadstoffbelasteter Abwässer.

Algen, Wasserflöhe, Fische oder Leuchtbakterien reagieren jeweils anders auf Abwasserproben. Sie bilden die Grundlage bioindustrieller Testreihen.

Mit der Wasserlinse *Lemna minor* bietet sich auch eine höhere Pflanze als Objekt an. Sie schwimmt im Gegensatz zu Algen auf der Wasseroberfläche. Somit können auch trübe oder stark gefärbte Lösungen (z. B. huminstoffhaltige Proben) auf Schadstoffe untersucht werden.

Grundlage für Analysedaten ist der prozentuale Anteil der einzelnen Grünabstufungen der Blätter bezogen auf die Gesamtoberfläche.

Diese Farbverteilung ermöglicht Angaben über den Zustand der Linsenpopulation und liefert so quantitative Aussagen.

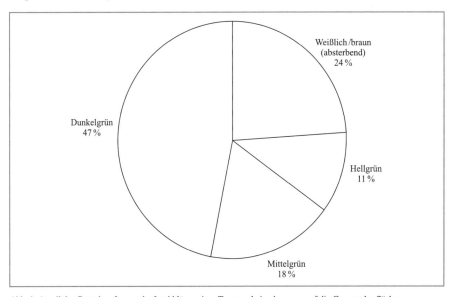

Abb. 1: Anteil der Grünabstufungen der Laubblätter einer Testpopulation bezogen auf die Gesamtoberfläche.

1　Interpretieren Sie die Abbildung 1.　(3 BE)

2　Begründen Sie, warum Schwimmblattpflanzen nur auf ihren Blattoberseiten Spaltöffnungen ausbilden.
Nennen Sie zwei weitere Standortanpassungen dieses Ökotyps.　(4 BE)

3　Begründen Sie die unterschiedliche Eignung von Algen und Wasserlinsen für Schadstoffanalysen in Abwässern.　(4 BE)

4 Ordnen Sie Leuchtbakterien und Algen einer Organisationsform der Zelle zu. Begründen Sie Ihre Entscheidung mit jeweils zwei Argumenten. (3 BE)

5 Stellen Sie in einer Tabelle ein Bildungsgewebe und ein Dauergewebe von Pflanzen hinsichtlich dreier Kriterien gegenüber. (7 BE)

6 Skizzieren und beschriften Sie einen Spaltöffnungsapparat im geöffneten Zustand. (4 BE)

(25 BE)

Lösungen

1 Die Grünabstufungen der Blätter einer Testpopulation sind als prozentualer Anteil an der Gesamtoberfläche im Kreisdiagramm dargestellt. 53 % der Laubblätter weisen einen verminderten Grünanteil auf. Der Grünanteil lässt Schlussfolgerungen auf den Chlorophyllgehalt in den Blättern zu. Je geringer der Chlorophyllgehalt, desto größer ist die Schädigung, die durch Stoffe im Abwasser hervorgerufen wird. So lässt der relativ geringe Anteil an Chlorophyll auf einen Eintrag von Schadstoffen in dem untersuchten Abwasser schließen.

2 Bei Schwimmblattpflanzen liegt die Blattunterseite auf der Wasseroberfläche. Spaltöffnungen in der unteren Epidermis wären funktionslos, da eine Wasserdampfabgabe gegen diesen Wasserdruck nicht möglich ist. Der Gasaustausch ist nur über die Spaltöffnungen in der oberen Epidermis möglich.

Weitere Anpassungen von **Hydrophyten** an ihren Standort sind z. B.:
– eine dicke Kutikula auf der oberen Epidermis
– große Interzellularen im Parenchym
– Wasser und darin gelöste Nährsalz-Ionen werden über die gesamte Oberfläche aufgenommen

3 Aus dem Text geht hervor, dass Algen im Wasser leben. Die **Wasserlinse** *Lemna minor* dagegen schwimmt auf dem Wasser. Algen sind nur für klare Abwässer geeignet, da eine Wassertrübung zu Lichtmangel führt, wodurch die Fotosyntheseleistung herabgesetzt wird. Bei trüben Abwässern wäre nicht zu beweisen, ob die Verminderung der Chlorophyllbildung auf eingetragene Schadstoffe oder auf Lichtmangel zurückzuführen ist. Da Wasserlinsen auf der Oberfläche schwimmen, behindert eine Wassertrübung ihre Entwicklung nicht. Störungen in ihrer Entwicklung deuten also auf vorhandene Schadstoffe im Wasser hin.

4 **Leuchtbakterien** sind dem Zelltyp der **Prokaryoten** zuzuordnen. Ihnen fehlt ein Zellkern mit Kernhülle, sie besitzen ein Kernäquivalent. Ihre Zellwände bestehen meist aus Murein, einem eiweißhaltigen Polysaccharid. Membranumschlossene Zellbestandteile, wie z. B. Mitochondrien fehlen bei Prokaryoten. Algen gehören zu den **Eukaryoten**. Sie besitzen echte Zellkerne mit einer Kernhülle. Zellbestandteile mit einer Doppelmembran sind die Mitochondrien und die Chloroplasten.

5 Pflanzliches Bildungs- und Dauergewebe werden in einer Tabelle gegenüber gestellt.

Gewebe	Bildungsgewebe	Dauergewebe
Aussehen	gleichmäßige, dünnwandige Zellen, undifferenziert	stärkere Zellwand, unterschiedliches Aussehen, differenziert
Lage des Zellkerns	zentral, meist relativ groß	am Rand, kleiner
Vakuole	keine oder sehr kleine Vakuolen	Zentralvakuole

6 Zeichnung eines Spaltöffnungsapparates mit Beschriftung

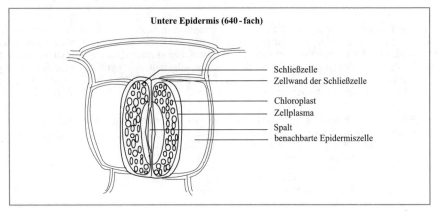

Untere Epidermis (640 - fach)

- Schließzelle
- Zellwand der Schließzelle
- Chloroplast
- Zellplasma
- Spalt
- benachbarte Epidermiszelle

Es wäre auch möglich, einen Spaltöffnungsapparat aus einem Querschnitt zu zeichnen.

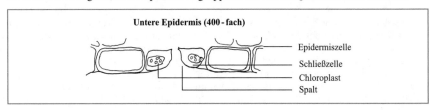

Untere Epidermis (400 - fach)

- Epidermiszelle
- Schließzelle
- Chloroplast
- Spalt

Im Jahre 1872 beschrieb der Arzt GEORGE HUNTINGTON die nach ihm benannte Huntington'sche Krankheit (HD, Chorea Huntington). Nach groben Schätzungen haben in Westeuropa und Nordamerika ungefähr 7 von 100 000 Menschen die Erbkrankheit. Das bedeutet, dass es in Deutschland ca. 6 000 HD-Betroffene gibt. Die ersten Symptome zeigen sich meist zwischen dem 35. und dem 50. Lebensjahr. Innerhalb von 10–20 Jahren tritt meist der Tod ein. Als Ursache für die Krankheit wurde 1983 eine Veränderung auf dem kurzen Arm des Chromosoms 4 lokalisiert. Mit Beginn der Krankheit setzt ein Abbau von Nervenzellen in wichtigen Bereichen des Gehirns ein. Dies zeigt sich in unwillkürlichen Muskelkontraktionen und Koordinationsstörungen sowie einer Beeinträchtigung der Gleichgewichtsfunktionen. Ein weiteres Symptom ist eine Verringerung der geistigen Leistungsfähigkeit. Die Behandlung der Betroffenen bei Ausbruch der Krankheit ist nur durch psychologische und medikamentöse Therapien (z. B. Calcium-Ionenblocker) möglich.

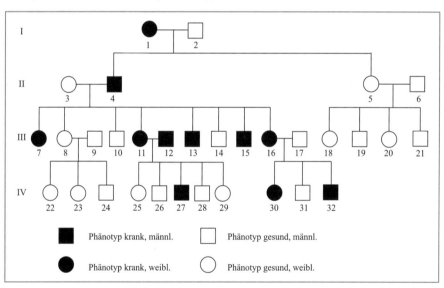

Abb. 2: Stammbaum einer Familie mit HD aus Venezuela.

1 Begründen Sie anhand des abgebildeten Stammbaumschemas den Erbgang der HD-Erkrankung. (2 BE)

2 Geben Sie die Genotypen der Personen 1, 2, 8 und 15 an. (3 BE)

3 Skizzieren und beschriften Sie das mikroskopische Bild einer markhaltigen Nervenzelle. (4 BE)

4 Beschreiben Sie die Erregungsübertragung an einer motorischen Endplatte. Begründen Sie den therapeutischen Einsatz von Calcium-Ionenblockern. (5 BE)

5 Erklären Sie eine molekularbiologische Methode zur Untersuchung verwandtschaftlicher Beziehungen von Lebewesen. (3 BE)

6 Beschreiben Sie die Bedeutung von Mutationen im Evolutionsprozess. (3 BE)

(20 BE)

Lösungen

1. Das Stammbaumschema zeigt den **Erbgang** der HD-Krankheit. Sie wird autosomal-dominant vererbt. Dies lässt sich folgendermaßen begründen: aus dem Text geht hervor, dass der Defekt auf dem Chromosom 4 lokalisiert ist, das ist ein Autosom. Außerdem kann man erkennen, dass männliche und weibliche Nachkommen gleichermaßen betroffen sind. Das defekte Gen wird dominant vererbt. Das geht z. B. daraus hervor, dass kranke Eltern auch gesunde Kinder haben können, es also bei den Kindern zur Kopplung der rezessiven gesunden Gene kommt.

2. Legende: phänotypisch krank – Gen A
   phänotypisch gesund – Gen a

Person	1	2	8	15
Genotypen	Aa	aa	aa	Aa

3. Das mikroskopische Bild einer markhaltigen Nervenzelle ist als Skizze zu zeichnen.

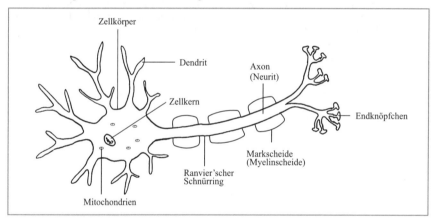

4. Eine motorische Endplatte ist der Ort der **Informationsübertragung** von der Nervenzelle zur Muskelfaser. Sie besteht aus dem Synapsenendknöpfchen, das an der Membran der Muskelfaser anliegt.
   In der Membran eines Endknöpfchens befinden sich kleine Poren für Calcium-Ionen. Wird die Membran durch ein Aktionspotenzial depolarisiert, werden die Poren frei. Es strömen Calcium-Ionen aus der Umgebung ins Plasma der Nervenzelle ein. Dadurch werden die Membranen der Vesikel aktiviert mit der postsynaptischen Membran zu verschmelzen. Die Vesikel platzen und die Transmittersubstanz Acetylcholin gelangt in den synaptischen Spalt. Die Moleküle diffundieren in sehr kurzer Zeit zur postsynaptischen Membran und besetzen spezifische Rezeptormoleküle. Auf diese Weise werden Natrium-Kanäle in der Membran der Muskelzelle geöffnet und Natrium-Ionen strömen in die Zelle ein. Die Membran der Muskelzelle wird depolarisiert und dies bewirkt die Muskelkontraktion.

Calcium-Ionenblocker vermindern den Einstrom der Ionen über die Membran. Die vorher beschriebenen Vorgänge werden nur teilweise ausgelöst und die Kontraktion der Muskelzelle wird verringert. Dies ist eine Therapie, die ungewollten Muskelzuckungen bei der Huntington'schen Krankheit zu beeinflussen.

5 Evolution beruht auf Mutationen. Veränderungen im genetischen Material führen zu Abweichungen der Aminosäuresequenz in den Makromolekülen. Man wählt eine Methode mit der man bestimmen kann, wie viele **Genveränderungen** in bestimmten DNA-Abschnitten verschiedener Lebewesen während ihrer Entwicklung stattgefunden haben. Dazu vergleicht man Eiweißstrukturen, die in allen Eukaryotenzellen vergleichbare Funktionen haben, z. B. das Cytochrom c.

Die Anzahl der Aminosäuren, die zwischen den zu vergleichenden Arten verschieden ist, gilt als Maßzahl für den Verwandtschaftsgrad. Je geringer die Abweichungen in der Sequenz der Aminosäuren, desto näher ist die Verwandtschaft.

Die Antigen-Antikörper-Reaktion ist eine weitere Methode verwandtschaftliche Beziehungen aufzuklären.

6 Mutationen führen zu Veränderungen der Basensequenz in der DNA, was zu einer veränderten genetischen Information führen kann. Es entsteht ein neues Protein, welches eine andere Merkmalsausbildung zur Folge haben kann. Ist diese für die herrschenden Umweltbedingungen positiv, so werden Lebewesen mit dem neuen Merkmal selektiert. Es besteht so die Möglichkeit zur Entstehung neuer Rassen oder Arten.

Grundkurs Biologie (Sachsen): Abiturprüfung 2002
Aufgabe C 1: Zellzyklus

Die Zeit vom Entstehen zweier Zellen aus einer Mutterzelle bis zur neuerlichen Teilung der beiden Tochterzellen wird als Zellzyklus bezeichnet.
Das Medikament Vinblastin stört den Aufbau der Spindelfasern. In der Krebsbehandlung wird es häufig zur Chemotherapie eingesetzt.

1 Fertigen Sie ein mikroskopisches Frischpräparat von der Blattbasis eines Chicoreeblattes an und färben Sie die Zellen mit dem zur Verfügung stehenden Farbstoff.
Zeichnen Sie eine Zelle mit den erkannten Bestandteilen und beschriften Sie diese.
Nach Fertigstellung der Zeichnung ist das Präparat unter dem Mikroskop dem Aufsicht führenden Lehrer vorzuweisen. (7 BE)

2 Beschreiben Sie den Ablauf des Zellzyklus. (5 BE)

3 Erklären Sie die Wirkung von Vinblastin und nennen Sie eine mögliche Neben-wirkung auf zellulärer Ebene. (3 BE)
(15 BE)

Lösungen

1 Von der Blattbasis eines Chicoreeblattes ist ein Frischpräparat anzufertigen. Das Präparat ist z. B. mit Methylenblau-Lösung anzufärben. Eine Zelle aus dem Gewebe ist zu zeichnen.

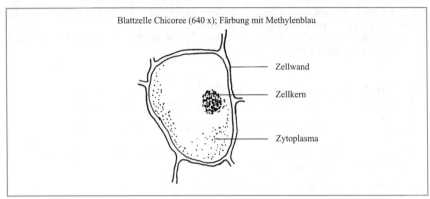

Blattzelle Chicoree (640 x); Färbung mit Methylenblau

Zellwand

Zellkern

Zytoplasma

2 Der Zellzyklus läuft kontinuierlich ab. Man hat zur besseren Übersicht die Vorgänge in einzelne Phasen eingeteilt.

Prophase: Die Chromosomen werden dichter aufgeschraubt oder gefaltet. Die aktive Funktionsform geht in die mobile, aber inaktive Transportform über. Noch bevor die Kernhülle und die Kernkörperchen zerfallen, beginnt die Ausbildung des Spindelapparates.

Metaphase: Die maximal verdichteten Chromosomen werden von den Spindelfasern in der Äquatorialebene zwischen den Polen angeordnet.

Anaphase: Die Centromere aller Zwei-Chromatiden-Chromosomen werden gespalten und die Ein-Chromatid-Chromosomen von den Spindelfasern zu den entgegengesetzten Zellpolen gezogen.

Telophase: Wenn alle Strukturen ihren Zellpol erreicht haben, werden neue Kernhüllen ausgebildet. Kernkörperchen entstehen.

Als letzter Abschnitt schließt sich fast immer die **Cytokinese** an. Das Zellplasma teilt sich und eine Zellwandplatte wird aufgebaut. Die Replikation der DNA führt zur Vervollständigung der Chromosomen.

3 Die Spindelfasern sind für den Ablauf der Mitose verantwortlich. **Vinblastin** stört die Ausbildung der Spindelfasern und schränkt dadurch die Zellteilungsvorgänge ein. Da bei Krebserkrankungen ein unkontrolliertes Zellwachstum vorliegt, ist das Medikament Vinblastin zur Tumorbehandlung einsetzbar. Es unterdrückt die Teilung der Krebszellen.

Nachteilig wirkt sich aus, dass auch die Teilung gesunder Zellen, die zur Zellerneuerung nötig ist, gehemmt wird.

Zellen enthalten im Zytoplasma eine Vielzahl von Inhaltsstoffen.

1 Untersuchen Sie rohe Kartoffeln auf das Vorhandensein von zwei typischen Pflanzenspeicherstoffen.
Wählen Sie die entsprechenden Nachweismittel und Geräte aus den zur Verfügung gestellten Materialien aus.
Fertigen Sie ein Kurzprotokoll an. (5 BE)

2 Versetzen Sie jeweils eine rohe und eine gekochte Kartoffelscheibe mit fünf Tropfen Wasserstoffperoxid.
Notieren Sie Ihre Beobachtungen und ziehen Sie Schlussfolgerungen. (3 BE)

3 Beschreiben Sie den Aufbau und die Wirkungsweise von Enzymen. (5 BE)

4 Erklären Sie, weshalb Enzyme ihre höchste Wirksamkeit meist nur in einem Temperaturbereich von 20–40 °C erreichen. (2 BE)
(15 BE)

Lösungen

1 In einer rohen Kartoffel sind folgende Speicherstoffe zu vermuten: Stärke, Proteine. Der Schüler fordert die entsprechenden Nachweismittel schriftlich an und fertigt zu seinen Untersuchungen ein **Kurzprotokoll** an.

angeforderte Materialien:
Iod-Kalium-Iodidlösung für den Stärkenachweis
Salpetersäure für die Xanthproteinreaktin zum Eiweißnachweis oder
Natriumhydroxid-Lösung und Kupfer(II)-sulfat-Lösung für die Biuretreaktion zum Eiweißnachweis
Reagenzgläser

Durchführung:	**Beobachtung:**
abgeschabte Kartoffel wird mit Iod-Kalium-Iodidlösung versetzt	blauschwarze Farbreaktion
entweder: abgeschabte Kartoffel wird mit Salpetersäure versetzt	leicht gelbe Farbreaktion
oder: abgeschabte Kartoffel wird mit Natriumhydroxid-Lösung und Kupfer(II)-sulfat-Lösung versetzt	leicht violette Farbreaktion

Schlussfolgerung:
Es wurde nachgewiesen, dass in der Kartoffel Stärke und Eiweiße als Speicherstoffe vorhanden sind.

2 **Durchführung und Beobachtungen:**
Eine rohe und eine gekochte Kartoffelscheibe werden mit Wasserstoffperoxid betropft.
Auf der rohen Kartoffelscheibe ist eine heftige Gasentwicklung zu beobachten, auf der anderen Scheibe erfolgt keine Raktion.
Schlussfolgerungen:
Das Enzym Katalase aus der rohen Kartoffel zerlegt Wasserstoffperoxid in Wasser und Sauerstoff. Dieser ist in Form von Gasbläschen auf der rohen Kartoffelscheibe erkennbar. Beim Kochen denaturiert das Enzym Katalase und kann daher keinen Enzym-Substrat-Komplex mit Wasserstoffperoxid bilden. Es erfolgt keine enzymatische Zerlegung.

3 **Enzyme** sind Proteine mit bestimmten Eigenschaften, die allen Makromolekülen zukommen. Sie sind in diesem Fall aus Aminosäuren aufgebaut, die durch Peptidbindungen miteinander verknüpft sind. Die Struktur ist durch drei Strukturprinzipien festgelegt:
die Sequenz der Aminosäuren (Primärstruktur), die sich wiederholenden Bausteine (Sekundärstruktur) und die räumliche Gestalt des Makromoleküls (Tertiärstruktur).
Durch den räumlichen Bau entsteht im Enzym eine besondere Bindungsstelle, das aktive Zentrum. In diese Stelle passt wie der Schlüssel in ein Schloss nur ein ganz bestimmtes Substrat. Enzyme sind substratspezifisch. Ein Enzym katalysiert von vielen möglichen Reaktionen nur eine ganz bestimmte. Enzyme sind wirkungsspezifisch. Sie halten Substratmoleküle so vorteilhaft fest, dass räumliche Strukturen verzerrt und Bindungen gelockert werden. Die benötigte Aktivierungsenergie für die Produktbildung wird wesentlich herabgesetzt.

4 Enzymreaktionen laufen bei physiologischen Temperaturen ab. Eine Temperatur bis 40 °C erhöht nach der RGT-Regel die Geschwindigkeit der biochemischen Reaktion.
Allerdings sind Enzyme aufgrund ihrer Struktur temperaturempfindlich und denaturieren bei Temperaturen über 50 °C. Ihre Struktur wird irreversibel verändert und das aktive Zentrum kann das Substrat nicht binden.

Sicher durch das Abitur!

Klare Fakten, systematische Methoden, prägnante Beispiele sowie Übungsaufgaben auf Abiturniveau mit erklärenden Lösungen zur Selbstkontrolle.

Mathematik

Analysis – LK	Best.-Nr. 94002
Analysis – gk	Best.-Nr. 94001
Analytische Geometrie und lineare Algebra 1 – gk/LK	Best.-Nr. 94005
Analytische Geometrie und lineare Algebra 2 – gk/LK	Best.-Nr. 54008
Stochastik – LK	Best.-Nr. 94003
Stochastik – gk	Best.-Nr. 94007

Physik

Elektrisches u. magnetisches Feld – LK	Best.-Nr. 94308
Elektromagnetische Schwingungen und Wellen – LK	Best.-Nr. 94309
Atom- und Quantenphysik – LK	Best.-Nr. 943010
Kernphysik – LK	Best.-Nr. 94305
Physik 1 – gk: Elektromagnetische Felder, Schwingungen und Wellen • Photonen	Best.-Nr. 94321
Physik 2 – gk	Best.-Nr. 94322

Geschichte

Methoden-Training Geschichte Grundlagen, Arbeitstechniken und Methoden	Best.-Nr. 94789
Geschichte 1 – gk	Best.-Nr. 84761
Geschichte 2 – gk	Best.-Nr. 84762
Geschichte – gk K 12 Bayern	Best.-Nr. 94781
Geschichte – gk K 13 Bayern	Best.-Nr. 94782
Abitur-Wissen Die Antike	Best.-Nr. 94783
Abitur-Wissen Das Mittelalter	Best.-Nr. 94788
Abitur-Wissen Die Französische Revolution	Best.-Nr. 947810
Abitur-Wissen Die Ära Bismarck	Best.-Nr. 94784
Abitur-Wissen Imperialismus und Erster Weltkrieg	Best.-Nr. 94785
Abitur-Wissen Die Weimarer Republik	Best.-Nr. 47815
Abitur-Wissen Nationalsozialismus und Zweiter Weltkrieg	Best.-Nr. 94786
Abitur Wissen Deutschland nach 1945	Best.-Nr. 947811
Lexikon Geschichte	Best.-Nr. 94787

Politik

Abitur-Wissen Internationale Beziehungen	Best.-Nr. 94802
Abitur-Wissen Demokratie	Best.-Nr. 94803
Abitur-Wissen Sozialpolitik	Best.-Nr. 94804
Abitur-Wissen Die Europäische Einigung	Best.-Nr. 94805
Lexikon Politik/Sozialkunde	Best.-Nr. 94801

Chemie

Rechnen in der Chemie	Best.-Nr. 84735
Chemie 1 – LK K 12	Best.-Nr. 94731
Chemie 2 – LK K 13	Best.-Nr. 94732
Chemie 1 – gk K 12	Best.-Nr. 94741
Chemie 2 – gk K 13	Best.-Nr. 94742
Abitur-Wissen Stoffklassen organischer Verbindungen	Best.-Nr. 947304
Abitur-Wissen Biomoleküle	Best.-Nr. 947305
Abitur-Wissen Biokatalyse und fundamentale Stoffwechselwege	Best.-Nr. 947306
Abitur-Wissen Protonen und Elektronen	Best.-Nr. 947301

Biologie

Biologie 1 – LK K 12	Best.-Nr. 94701
Biologie 2 – LK K 13	Best.-Nr. 94702
Biologie 1 – gk K 12	Best.-Nr. 94715
Biologie 2 – gk K 13	Best.-Nr. 94716
Chemie für den Leistungskurs Biologie	Best.-Nr. 54705
Methoden-Training Biologie Grundlagen, Arbeitstechniken und Methoden	Best.-Nr. 94710
Abitur-Wissen Genetik	Best.-Nr. 94703
Abitur-Wissen Neurobiologie	Best.-Nr. 94705
Abitur-Wissen Verhaltensbiologie	Best.-Nr. 94706
Abitur-Wissen Evolution	Best.-Nr. 94707
Abitur-Wissen Ökologie	Best.-Nr. 94708
Abitur-Wissen Zell- und Entwicklungsbiologie	Best.-Nr. 94709
Lexikon Biologie	Best.-Nr. 94711

Erdkunde

Methoden-Training Erdkunde Grundlagen, Arbeitstechniken und Methoden	Best.-Nr. 94901
Abitur-Wissen Entwicklungsländer	Best.-Nr. 94902
Abitur-Wissen USA	Best.-Nr. 94903
Abitur-Wissen Europa	Best.-Nr. 94905
Abitur-Wissen Asiatisch-pazifischer Raum	Best.-Nr. 94906
Lexikon Erdkunde	Best.-Nr. 94904

Wirtschaft/Recht

Abitur-Wissen Volkswirtschaft	Best.-Nr. 94881
Abitur-Wissen Betriebswirtschaft	Best.-Nr. 94851
Rechtslehre – gk	Best.-Nr. 94882

(Bitte blättern Sie um)